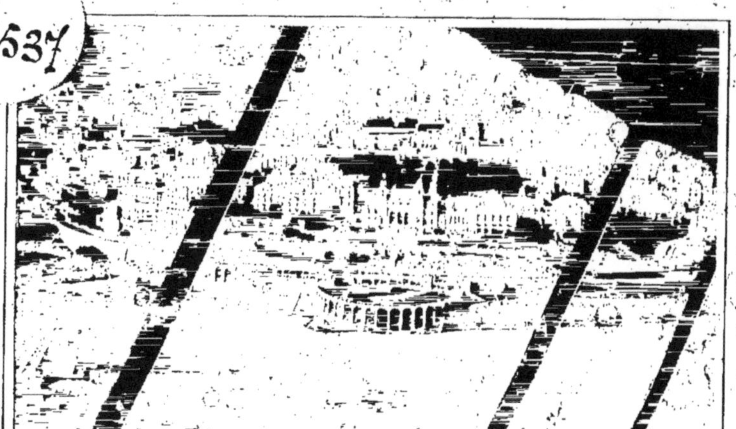

PRINCIPAUTÉ DE

# MONACO

EXPOSITION
CONCOURS
& COURSES
DE

# CANOTS AUTO-MOBILES
ET
# HYDRO-AÉROPLANES

Organisé par
L'INTERNATIONAL
SPORTING-CLUB

**1er-16 Avril 1913**

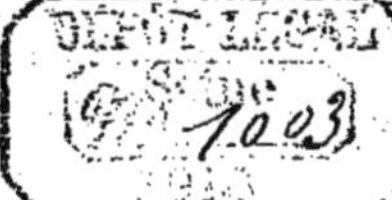

# Canots Automobiles

et

# Hydroaéroplanes



**Exposition**

**Concours**

**Courses**

**Canots Automobiles**

**10ᵉ Année**

**Sous les règlements de l'Association Internationale du Yachting Automobile**

**Hydroaéroplanes**

**2ᵉ Année**

**Sous le patronage de l'Aéro-Club de France et les règlements de la Fédération Aéronautique Internationale**

**1er-16 Avril 1913**

# DIX ANS APRÈS

A M. Camille Blanc, président
du Conseil d'Administration

*Je m'excuse tout d'abord de la banalité du titre.* Dix ans après. *Mot facile, mais quoi, en est-il un plus court, plus bref, disant mieux en sa brièveté concise et un peu brutale, ce qu'il veut et ce qu'il doit dire?*

*Dix ans! déjà! Il semble, à la vivacité des souvenirs, à la couleur des images réapparues, que ce soit hier. Mais je feuillette une collection de photographies, et voilà que réapparaissent les monstres antédiluviens de cette année première, j'allais écrire primitive, les bateaux à courroies, à palettes, farouches, inabordables, avec cet air de tristesse morne et maladroite des monstres dont la vie sera courte.*

*Dix ans! seulement! On n'y peut croire!*

*Il me revient en mémoire des heures d'angoisse terribles. La mer, sinistre et terrible inconnue, allait elle sourire à nos enfants, allait-elle se fâcher et les engloutir? Caresses ou colères de géante, toujours redoutable. On nous disait : « Ne laissez pas sortir celui-là, il coulera.. Gardez-vous de celui-ci, il brûlera!.. » Je ne me souviens guère qu'on nous eût dit : « Celui-ci marchera ». On n'annonce pas ces choses!*

*Et pourtant, cela marcha, et cela marcha même très vite. En 1904, un canot pesant 1.000 kilos, portant deux personnes, et actionné par un moteur de 130 millimètres d'alésage, filait à 37 kilomètres à l'heure. En 1913, un canot pesant 1.800 kilos, portant six personnes à bord, et actionné par un moteur de 125 millimètres d'alésage atteint 70 kilomètres à l'heure. Il est plus robuste, et il sort et navigue par des temps où l'on n'eût pas même osé mettre à l'eau le premier.*

*Le canot automobile moderne est à l'ancienne embarcation ce que l'automobile avec ses pneumatiques est à l'antique et lourde charrette qui divisait le sol pour avancer au lieu de glisser à sa surface. Puis un jour vint, où, las de glisser si vite, il profita de sa vitesse pour s'envoler. Le canot automobile avait créé le glisseur, qui créa l'hydroplane, qui créa l'hydroaéroplane. Ainsi du poisson nous vîmes sortir l'oiseau. Métamorphose authentique, celle-là, et bien digne d'être chantée!*

*C'est pourtant ici, mon cher président, c'est devant nos yeux, c'est grâce à vos encouragements et à vos efforts que s'est accompli le miracle moderne. Cette baie monégasque a vu naître de la* civilisation définitive, *j'appelle ainsi toute création du génie humain qui reste à jamais acquise.*

*En dix ans, c'est une œuvre colossale, dans un colossal raccourci. Nos pères bâtissaient pour l'éternité avec la complicité des siècles. Cette création-là durera au moins autant que les leurs. Et elle s'est faite ici, en dix années, en deux lustres, comme ils disaient pour mieux marquer la brièveté de ces heures qui passent.*

*Le temps ne fuit donc, irréparable, regretté si amèrement par le poète, que pour ceux qui ne l'ont point utilisé, faute d'en avoir senti vraiment le prix. Retournons-nous en arrière avec allégresse et avec confiance. Quel bel enfant nous est né, fils de la pensée et du vouloir des hommes! Il est né comme on naît ici, en souriant, sans trace de labeur, dans la beauté des choses.*

*Dix années de suite, au printemps, nous nous accoudâmes sur les terrasses, au bord de la mer douce et bleue. Les canots tournaient, inlassables, dans la plainte sonore des forces aveugles qui les animent. Spectacles charmants, minutes inoubliables. Mais, comme jadis le corps éclatant de la déesse de Beauté, voilà que quelque chose de vivant, de grandiose et même d'immortel a jailli de l'écume blanche de la mer.*

GEORGES PRADE.

# Calendrier des Épreuves

## Canots Automobiles

*1er avril* : Exposition.
*2 avril* : Essais.
*3 avril* : Essais.
*4 avril* : Essais.

**5 avril :**

Matin. *Prix de l'International Sporting Club.* 50 kil. Handicap. Trois premières séries cruisers.

Soir. *Prix du Premier Pas.* 50 kil. Scratch. B. M. B. C.

**6 avril :**

Matin. *Prix de la Méditerranée.* 50 kil. Handicap. B. M. B. C.

Soir. *Prix de la Côte d'Azur.* 50 kil. Scratch. Cruisers 4e série.

**7 avril :**

Matin. *Prix de la Riviera.* 50 kil. Scratch. Cruisers 5e série.

Soir. *Prix de Monaco.* 50 kil. Scratch. Hydroplanes.

**8 avril :**

Matin. *Prix des Dames.* Handicap corrigé. 50 k. B. M. B. C.

Soir. *Prix de Monte-Carlo.* 50 kil. Scratch. Racers.

## Hydroaéroplanes

Réception des appareils.

— —

Exposition.

**Du 4 au 11 avril :**

Chaque jour, de 9 heures du matin à midi et de 3 heures à 6 heures du soir.

## Epreuves éliminatoires

comprenant :

1° *Mise en marche;*

2° *Altitude;*

3° *Vol plané;*

4° *Hissage;*

5° *Remorquage;*

6° *Navigabilité.*

Chaque concurrent peut recommencer à son gré chaque épreuve non réussie.

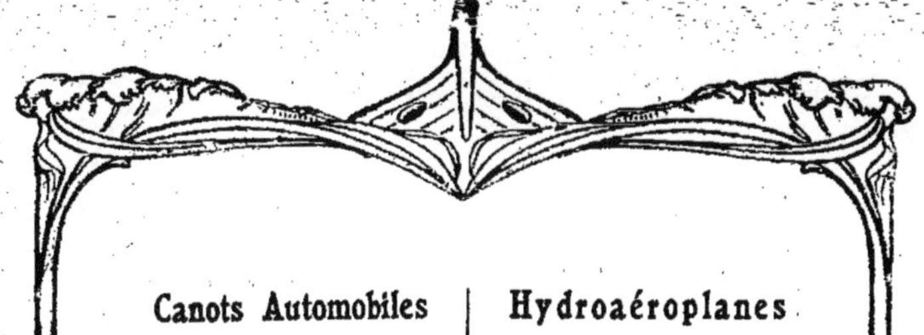

## Canots Automobiles

**9 avril :**

*Eliminatoires de la Coupe des Nations* et *Grand Critérium des 21 pieds.* 40 milles marins (environ).

**10 avril :**

*Championnat de la Mer.* 200 kil. Scratch. Cruisers.

**11 avril :**

*Coupe des Nations.* 150 k. 3 canots par nation.

*12 avril :* Repos.

**13 avril :**

*Coupe de S. A. S. le Prince de Monaco.* 1 kil. départ arrêté et 1 mille départ lancé.

*14 avril :* Repos.

**15 avril :**

*Consolation* canots et *épreuves non courues.*

## Hydroaéroplanes

*Grand Prix de Monaco.* 1re journée. Course croisière. Monaco-Beaulieu-San - Remo - Monaco, avec escales à Beaulieu et San-Remo (distance 90 kil. environ).

Repos.

*Grand Prix de Monaco.* 2e journée. 500 kil. autour d'un polygone de 10 kil. environ en rade de Monaco.

**16 avril :**

*Coupe Jacques Schneider.* 3 milles navigation suivis de 150 milles en vol. Même parcours que le *Grand Prix* (2e journée).

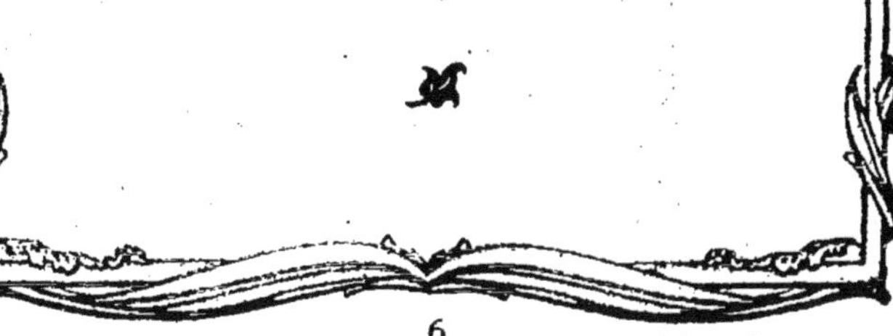

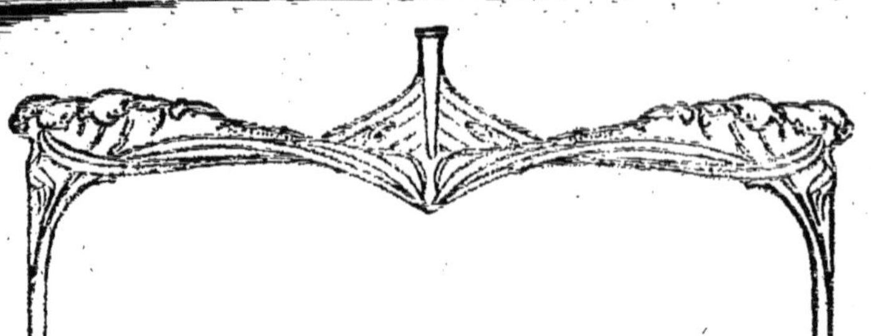

# Programme et Règlement des Épreuves

Son Altesse Sérénissime le Prince ALBERT Ier de MONACO

La Coupe offerte par Son Altesse Sérénissime.

# Comités de Patronage

## I. – CANOTS AUTOMOBILES

**Président d'Honneur**

*S. A. S. le Prince Albert Ier de Monaco.*

**Membre d'Honneur**

*Son Excellence M. le Ministre de la Marine française.*

**Membres**

FRANCE : MM. *Baron van Zuylen de Nyevelt*,
Président de l'Automobile Club de France.

*Abel Ballif*,
Président du Touring Club de France.

*Amiral Humann*,
Président du Yacht Club de France.

*Comte Récopé*,
Président d'honneur de l'Association Internationale du Yachting Automobile.

*Armand Peugeot*,
Président de la Chambre syndicale des Constructeurs.

*Marquis de Dion*,
Président de la Chambre syndicale de l'Automobile.

*Henri Menier*,

*de Rollepot*.

*Max Richard,*
Président d'honneur de la Chambre syndicale de l'Automobile.

*Paul Chauchard,*
Président du Club Nautique de Nice.

*Ph. de Vilmorin,*
Président de la Société des Régates Cannoises.

*R. Lacour,*
Vice-Président de la Société des Régates Cannoises.

*Prince Pierre d'Arenberg,*
Président de la Fédération des A. C. régionaux de France.

*Borja de Mozota,*
Administrateur du Bureau Veritas.

*Louis Dumontpallier,*

*Comte Faramond de la Fajolle,*
Président de la Commission de Yachting à l'A. C. F.

ITALIE : *S. A. R. le duc des Abruzzes,*
Président du Royal Yacht Club d'Italie.

*Garibaldi Coltelletti,*
Vice-Président du Royal Yacht Club d'Italie.

ANGLETERRE : *Lord Montague of Beaulieu.*
Président de la Marine Motor Association.

*Armstrong,*
Vice-Président de l'Association Internationale du Yachting Automobile.

*Admiral sir William Kennedy* (admiral).

*Marquis of Ailsa.*

*L. M. Waterhouse.*

*Morton Smart* (commodore).

*S. Walton.*

*Oswads B. Colls.*

*R. Robinson* (secretary).

Au nom du British Motor Boat Club.

ALLEMAGNE : *S. A. le duc de Ratibor,*
Président du Kaiserlicher Automobil Club.

*Conseiller intime Busley,*
Président de l'Association Internationale du Yachting Automobile.

BELGIQUE : MM. *le Comte A. de Hemricourt de Grünne,*
Président de l'A. C. de Belgique.

*Baron Pierre de Crawhez,*
Président de la Commission de Yachting de l'A. C. de Belgique.

*Grégoire,*
Membre du Comité de l'Association Internationale du Yachting Automobile.

ESPAGNE : *Quinonès de Leon,*
Délégué du Royal Automobile Club d'Espagne.

ETATS-UNIS D'AMÉRIQUE : *M. W. S. Hogan,*
Délégué de l'A. C. d'Amérique.

SUÈDE : *Comte de Rosen,*
Président du Kungl. Automobil Klubben.
Vice-Président de l'Association Internationale du Yachting Automobile.

SUISSE : *M. de Guerville.*

*Mégevet,*
Délégué de l'A. C. Suisse.

## Comité de l'Exposition

MM. Camille Blanc,
Borja de Mozota,
Lieutenant Bourée,
Marquis de Chasseloup-Laubat,
Paul Chauchard,
Comte Clary,
B. Clerc.
P. Delaunay-Belleville.
Louis Dumontpallier,
J. Fernandez,
Comte Albert Gautier,
Genin,
J. Gondoin,
G. Kohn,
Laroze,
Lestonnat,
Martiny,
L. Néri,
Comte Récopé,
de Rollepot,
Baron Henri de Rothschild.

## Comité des Courses

MM. L. Néri,
Laroze,
Comte Albert Gautier,
Berlier,
Comte Récopé,
Raymond Lestonnat.

## Commission exécutive

MM. Camille Blanc, *président.*
J. Gondoin,
Lieutenant Bourée,
Commandant Courmes,
Clerk of the Course : Georges Prade.

Photo H. Manuel.

M. Camille BLANC, Président du Comité d'organisation des courses de canots automobiles et d'hydroaéroplanes.

L'Exposition des canots à la Condamine.

## II. — HYDROAÉROPLANES

**Président d'Honneur**

*S. A. S. le Prince Albert Ier de Monaco.*

**Membre d'Honneur**

*Son Excellence M. le Ministre de la Marine française.*

**Membres**

MM. *Henry Deutsch (de la Meurthe),*
Président de l'Aéro-Club de France.

*Comte de Castillon de Saint-Victor,*
Président de la Commission Sportive Aéronautique.

*Comte Robert de Vogüé,*
Vice-président de la Commission Sportive Aéronautique.

*Comte de La Valette,*
Secrétaire général de la Commission Sportive Aéronautique.

*Commandant Ferrus,*
Rapporteur de la Commission Sportive Aéronautique.

*R. Soreau,*
Président de la Commission d'Aviation et délégué de l'Aéro-Club de France, à la C.S.A.

*E. Zens,*
Secrétaire de la Commission d'Aviation de l'Aéro-Club de France.

*Comte H. de La Vaulx,*
Vice-Président, délégué de l'Aéro-Club de France à la C. S. A.

*Alfred Leblanc*,
Vice-Président et délégué de l'Aéro-Club de France à la C. S. A.

*Paul Rousseau*,
Délégué de l'Aéro-Club de France à la C. S. A.

*Paul Tissandier*,
Membre du Conseil d'administration et délégué de l'Aéro-Club de France à la C. S. A.

*Edmond Chaix*,
Délégué de l'Automobile Club de France à la C. S. A.

*Chevalier René de Knyff*,
Délégué de l'Automobile Club de France à la C. S. A.

*A. Loreau*,
Délégué de l'Automobile Club de France à la C. S. A.

*R. Quinton*,
Délégué de l'Automobile Club de France à la C. S. A.

*E. Surcouf*,
Délégué de l'Automobile Club de France à la C. S. A.

*J. Balsan*,
Vice-Président de l'Aéro Club de France, Président de l'Association Générale Aéronautique.

*J. Besançon*,
Secrétaire général de l'Aéro-Club de France.

*L. Blériot*,
Membre du Conseil d'administration de l'Aéro-Club de France.

*A. Deperdussin*,
Membre du Conseil d'administration de l'Aéro-Club de France.

*R. Grosdidier*,
Membre du Conseil d'administration de l'Aéro-Club de France.

*A. Michelin*,
Membre du Conseil d'administration de l'Aéro-Club de France.

*R. Esnault-Pelterie*,
Vice-Président de la Commission d'Aviation de l'Aéro-Club de France.

*Colonel Bouttiaux*,
Vice-Président de la Commission d'Aviation de l'Aéro-Club de France.

*E. de Kergariou*,
Secrétaire général de la Commission d'Aviation de l'Aéro Club de France,

**Commissaires sportifs**

Ont été agréés

MM. Bienaimé.
P. Gasnier.
L. Demanest.
G. Prade.
J. Schneider.
A. Richard.
E. Zens.

**Commission exécutive**

MM. Camille Blanc, *président*.
J. Gondoin.
Lieutenant Bourée.
Commandant Courmes.
Clerk of the Course : Georges Prade.

S. A. S. LE PRINCE ALBERT Ier DE MONACO DANS L'HYDROAÉROPLANE MAURICE FARMAN DE RENAUX

A la fin du meeting, le Prince fit un long voyage dans les airs au-dessus de la Principauté.

I

# CANOTS AUTOMOBILES

*Sous les Règlements de L'Association Internationale du Yachting Automobile*

# RÈGLEMENT

I

## Exposition

ARTICLE PREMIER. — Il est organisé pour la dixième année, à Monaco, par l'International Sporting Club, du 1er avril au 15 avril 1913, un meeting de canots automobiles, comprenant une exposition à la suite de laquelle auront lieu en mer des courses exclusivement réservées aux canots ayant pris part à l'Exposition et y ayant figuré.

Les dates en sont fixées comme il suit :

**Exposition 1er avril**
**Mise à l'eau et période d'essais 2, 3, 4 avril**
**Courses du 5 au 15 avril**

Les jours de course seront tantôt réservés aux canots automobiles, tantôt réservés aux hydroaéroplanes, d'après l'état de la mer et le temps.

On trouvera à l'article spécial : *Comment les courses seront annoncées*, le détail de la façon dont les concurrents seront prévenus.

ART. 2. — Ces courses seront réservées, ainsi que l'Exposition, aux « Canots automobiles ».

ART. 3. — On entend par canot automobile un canot d'une longueur maxima de 18 mètres pour les Cruisers, et de 15 mètres pour les Racers, dont le moteur est un moteur d'automobile appliqué à la navigation. Nous le définissons de façon plus précise, en stipulant de façon expresse que l'Exposition et les courses de Monaco sont réservées aux canots pourvus d'un des quatre systèmes suivants :

1° Moteur à explosion de toute sorte, sans aucune stipulation du corps employé.

Tout agent d'oxydation autre que l'air atmosphérique est interdit.

2° Moteur électrique de tout système dont la source d'énergie est tout entière à bord du canot qui l'emploie ;

3° Moteur à vapeur ou à vaporisation, pourvu que la vaporisation soit instantanée, sans réserve aucune de fluide vaporisé, et avec suppression complète de la surveillance de la chambre de chauffe ;

4° Moteur à combustion de vapeur de pétrole.

ART. 4. — Il n'y a pas d'engagement ni de droit d'engagement pour les courses. Elles font partie du programme de l'Exposition. Le droit d'entrée pour l'Exposition est de 100 francs par canot, qui donne droit à chaque canot de prendre part à volonté à toutes les courses pour lesquelles il se trouve qualifié d'après le règlement qui suit.

ART. 5. — Les engagements, accompagnés du droit d'engagement de 100 francs, sont reçus à l'International Sporting Club de Monaco, jusqu'au 28 février 1913 à minuit.

ART. 6. — Pour être valable, tout engagement doit être accompagné, avec le montant des droits, d'une pièce destinée à prouver que le canot existe ou est réellement en préparation ; cette pièce est : photographie, ou bleu d'étude et plan d'aménagement, le plan de forme restant naturellement entre les mains du

S. A. S. le prince Albert Ier de Monaco interviewé à sa descente d'hydroaéroplane.

S. A. S. le prince héritier Louis de Monaco inaugure l'Exposition des canots automobiles.

Le *Saurer-Despujols* sur la vague.

1. Le légendaire *saut de carpe* du *Lürssen*,
2. *Ursula*, gagnant de la Coupe des Nations.
3. Le *Caudron* roulant et naviguant.

Le *Lürssen* en course ou le *bateau théorème*.

constructeur ; le nom du constructeur de coque et du constructeur de moteur.

L'engagement doit stipuler en même temps toutes les formalités nécessaires à la course et qui sont :

*a*) Pour les RACERS et HYDROPLANES :

1° Nom du ou des propriétaires ;

2° Nom du capitaine ou du patron (facultatif);

3° Nom du bateau ;

4° Le mode d'énergie employé ;

5° L'engagement d'honneur de n'avoir recours à la juridiction des tribunaux pour aucune contestation pouvant résulter des divers incidents de la course, le Comité des Courses ayant plein pouvoir pour les résoudre ;

6° La valeur du bateau déclarée pour l'assurance ;

7° La désignation de la catégorie.

*b*) Pour les CRUISERS (bateaux de plaisance) :

1° Le nom du ou des propriétaires ;

2° Celui du capitaine ou du patron (facultatif);

3° Le nom du bateau ;

4° La longueur de bout en bout entre perpendiculaires de la coque proprement dite (non compris les ceintures); la largeur au maître-bau et la hauteur du franc-bord en charge avec le nombre de passagers réglementaire ;

5° Le poids du canot en charge, c'est-à-dire comme il est défini plus loin ;

6° La déclaration écrite de l'alésage exact des cylindres, leur nombre et leur disposition ;

7° La déclaration exacte du nombre des

places disponibles, chaque place exigeant 0 m. 45 dans les trois dimensions ;

8° Un engagement d'honneur de n'avoir recours à la juridiction des tribunaux pour aucune contestation pouvant résulter des divers incidents de course, la même juridiction que pour les racers se trouvant établie ;

9° La valeur déclarée du bateau pour l'assurance.

ART. 7. — C'est à l'Exposition qu'auront lieu la mesure des moteurs et le pesage des canots dont il est parlé plus loin ; en conséquence de quoi, le Comité d'organisation a décidé que tout canot devrait être mis à la disposition du Comité à l'Exposition avant le 4 avril à midi, étant bien entendu qu'il y figure déjà depuis le 31 mars avant minuit.

Aucun canot qui n'aura satisfait à ces conditions ne pourra prendre part aux courses.

ART. 8. — La Commission fixera elle-même la place que devront occuper les canots, et qui fera partie d'un plan d'ensemble. Il en sera de même de la décoration d'un stand exposé, décoration uniforme pour tous, faite par les soins et aux frais de l'Exposition.

ART. 9. — Le public sera admis à visiter l'Exposition moyennant un droit d'entrée fixé, pour la journée, de 10 heures du matin à 6 heures du soir, à 1 franc.

## HEURES D'OUVERTURE

ART. 10. — L'Exposition sera ouverte tous les jours, de 10 heures du matin à 6 heures du soir, suivant les dispositions qui seront déterminées par la Commission d'organisation, laquelle se réserve le droit de modifier ces heures.

## CARTES D'ENTRÉE

ART. 11. — Des cartes d'entrée permanentes et personnelles seront délivrées aux exposants ainsi qu'à ceux de leurs agents dont la présence sera reconnue indispensable.

Des cartes permanentes et personnelles seront mises à la disposition des membres non exposants de l'Automobile Club de France, de la Chambre Syndicale de l'Automobile, de la Chambre Syndicale du Cycle et de l'Automobile, de la Chambre Syndicale de la Navigation Automobile, du Yacht Club de France et de la Chambre Syndicale des Constructeurs d'Automobiles et de l'Aéro-Club de Franne.

## ADMISSIONS

ART. 12. — Les demandes d'admission accompagnées du paiement des droits, fixés à 100 francs par canot, et donnant droit de prendre part aux courses, sont reçues comme il est dit article 5.

## ENTRÉES & SORTIES DES BATEAUX

ART. 13. — Aucune autorisation d'entrer des marchandises ne sera donnée après l'ouverture et aucun objet ne pourra être enlevé pendant la durée de l'Exposition, sans l'autorisation et le visa de la Commission d'organisation. Après le dernier jour de l'Exposition, les exposants pourront faire mettre immédiatement à l'eau leurs canots.

Cette mise à l'eau sera faite :

1° Dans l'ordre des courses à venir ;

2° Dans chaque course dans l'ordre des engagements.

L'enlèvement des bateaux exposés et des installations devra être fait par les soins des exposants, et sous leur responsabilité, dans un délai maximum de trois jours après la clôture de l'Exposition, à défaut de quoi la Commission exécutive y fera procéder aux frais, risques et périls des retardataires.

### MANUTENTION

ART. 14. — La manutention des bateaux exposés, leur réception et leur réexpédition incombent aux exposants.

Chaque exposant devra apporter avec son canot son berceau qui devra être muni de quatre anneaux permettant la manutention de l'ensemble. Aucun berceau ne devra dépasser de plus de 30 centimètres les formes extérieures du canot.

Chaque exposant devra pourvoir, à ses frais, risques et périls, au transport, à la manutention et à l'installation de ses bateaux.

L'Exposition met à la disposition des exposants un matériel spécial et des hommes, mais sans que sa responsabilité civile ou autre puisse être engagée de ce fait. Aucun bateau pesant plus de cinq tonnes à vide ne sera rentré dans l'Exposition.

L'exposant a toute latitude de se servir ou de ne point se servir de ces hommes et de ce matériel, et c'est à lui à amener son canot à l'Exposition, à le mettre à l'eau pour la course, à le ramener à l'Exposition.

Les bateaux exposés pourront, à la fin de l'Exposition, la quitter sur simple demande et visa d'un membre du Comité pour faire en mer tous les essais. Les bateaux dont le poids ou la dimension ne permettraient pas l'entrée à l'Exposition devront mouiller dans le port de

## LES COUPES OFFERTES EN 1913

1. La Coupe du British Motor Boat-Club.
2. La Coupe du Ministre de la Marine française.
3. La Coupe Jacques Schneider.

Monaco à un endroit désigné par le Comité et y être aux mêmes dates d'Exposition.

## SURVEILLANCE

ART. 15. — Un service de police et de surveillance contre l'incendie est organisé par les soins de la Commission exécutive, qui aura, en outre, ses gardiens particuliers ; néanmoins, elle ne pourra être rendue responsable, à aucun degré et sous aucun prétexte, des accidents de feu, de fuites, d'inondation, des vols ou des dégâts quelconques qui pourraient se produire. Les exposants déclarent renoncer à tout recours de ce chef contre les organisateurs.

## ENTRETIEN

ART. 16. — Il est interdit de laisser les produits exposés couverts pendant les heures d'ouverture de l'Exposition. Les exposants devront pourvoir à leurs frais au service d'entretien des objets exposés pendant la durée de l'Exposition.

## ASSURANCES

ART. 17. — Chaque exposant devra déclarer, en s'inscrivant, la valeur exacte de ses marchandises, qui seront assurées contre les risques d'incendie, pour son compte personnel, par les soins de la Commission exécutive, sans que cela puisse engager en quoi que ce soit la responsabilité de celle-ci.

La Commission exécutive fera encaisser, pour le compte des Compagnies d'assurances, les primes des assurés, contre un récépissé qui seul fera foi de la déclaration de l'exposant en cas de sinistre.

Toute exagération dans les déclarations de la

valeur des marchandises à assurer exposerait son auteur à des poursuites de la part des assurances.

## MATIÈRES DANGEREUSES

ART. 18. — Les matières explosibles et les matières facilement inflammables ne seront pas admises à l'Exposition.

Les réservoirs des bateaux à pétrole, à essence et à vapeur devront être vidés, et les accumulateurs, dans les bateaux électriques, devront être enlevés avant leur entrée dans l'enceinte de l'Exposition.

La Commission exécutive se réserve le droit exclusif de publier ou de faire publier un catalogue des objets exposés.

Les noms ou raisons sociales des exposants inscrits dans le délai spécifié plus haut, et la mention des objets exposés, seront inscrits gratuitement.

L'administration ne saurait être rendue responsable des erreurs ou omissions qui pourraient se produire dans les insertions du catalogue.

## CIRCULAIRES ET BROCHURES

ART. 19. — Les circulaires, brochures, etc., ne pourront être distribuées par les exposants qu'à leur stand. Elles devront être soumises à l'approbation de la Commission exécutive et recevoir son visa, qu'elle pourra retirer si la nature des imprimés rendait cette mesure nécessaire.

En dehors des exposants qui pourront, sous les réserves, distribuer à leur stand des catalogues, prospectus, etc., nul ne pourra distribuer quoi que ce soit dans l'intérieur ni à l'entrée de l'Exposition, sans autorisation de la Commission exécutive.

L'emploi d'appareils bruyants, tels que trompes et cornes d'appel, sirènes, appareils à musique et généralement tous autres appareils et moyens de réclame susceptibles de troubler le bon ordre de l'Exposition, est formellement interdit, sous peine d'expulsion immédiate.

### PHOTOGRAPHIES ET DESSINS

ART. 20. — Aucune photographie, aucun dessin ou croquis d'un objet exposé ne pourront être pris sans les autorisations écrites des exposants et de la Commission exécutive, qui se réserve le droit de faire prendre toutes photographies qu'elle jugera utiles.

### CHEMINS DE FER

ART. 21. — Les exposants seront avisés en temps utile des réductions de tarifs qui auront été éventuellement consenties par les Compagnies de chemins de fer pour le transport des bateaux destinés à l'Exposition.

### RÉGIME DOUANIER

ART. 22. — La Commission exécutive fera les démarches nécessaires auprès de l'administration supérieure pour obtenir, si possible, la constitution de l'Exposition en entrepôt, et par suite, l'entrée en franchise temporaire des droits de douane, à charge de réexpédition des bateaux de provenance étrangère destinés à l'Exposition.

### CHANGEMENTS DE DATES ÉVENTUELS

ART. 23. — Le retard qui pourrait être apporté à l'ouverture de l'Exposition, ou à sa fermeture, avant ou après la date fixée, ne donnera lieu à aucune demande d'indemnité, soit de la part des exposants, soit de la part de la Commission exécutive de l'Exposition.

## RÈGLEMENT D'ORDRE INTÉRIEUR

Art. 24. — Un règlement intérieur d'ordre général sera affiché dans l'Exposition, et les exposants seront tenus de s'y conformer, ainsi qu'aux clauses et conditions que l'administration supérieure pourrait imposer.

## CONTESTATIONS

Art. 25. — Tout exposant s'engage, en cas de contestation avec la Commission exécutive, et avant toute procédure, à soumettre ses réclamations au Comité de l'International Sporting Club de Monaco. Toute action introduite avant l'expiration d'un délai de quinze jours à partir de cette réclamation, par lettre recommandée, serait, du consentement exprès de l'exposant, déclarée non recevable.

Art. 26. — Tout exposant déclare, par la signature de sa demande l'admission, adhérer à toutes les clauses du présent règlement et du règlement intérieur de l'Exposition, et s'engage à s'y conformer en tous points.

## CAS NON PRÉVUS

Art. 27. — La Commission exécutive aura tous pouvoirs pour décider l'organisation des fêtes, tombolas, congrès, concours, en un mot tout ce qui peut contribuer à l'éclat de la manifestation.

La Commission exécutive aura le droit de statuer sans appel sur tous les cas non prévus au présent règlement, et ses décisions seront immédiatement exécutoires.

## LA COUPE DE S. A. S. LE PRINCE DE MONACO

LA COUPE DES RACERS

*Motocratie* gagne la finale, premier de toutes les catégories.

*Motocratie*, à M. Barriquand, coque Despujols, moteur Panhard et Levassor. ∘ ∘ *Nautilus*, à M. Deschamps, coque Deschamps, moteur Picker. ∘ ∘

LA COUPE DES CRUISERS

*Nautilus* bat d'un mètre ∘ ∘ *Megevet Picker*. ∘ ∘

II

# Les Courses

## LE RÈGLEMENT

Le règlement ci-dessous est, à dater de ce jour, seul valable pour la réglementation de l'Exposition et des courses de Monaco en 1913 (dixième année).

ARTICLE PREMIER. — La semaine de courses données pendant l'Exposition constituera le seul classement de cette Exposition, et il ne sera distribué aucune autre récompense que les récompenses des courses.

ART. 2. — Sont seuls qualifiés pour prendre part aux courses les canots ayant figuré à l'Exposition depuis le 31 mars à minuit, et sont seuls qualifiés pour chaque course les canots dont les propriétaires sont en possession du certificat de jauge délivré par le Comité et les qualifiant pour cette course.

Au cas où un canot expédié à l'Exposition à temps pour y figurer, mais retenu par un cas de force majeure, n'aurait pu arriver à temps, le Comité aura seul le droit de décider s'il est qualifié pour prendre part aux courses.

**Les Courses de Monaco sont disputées sous les Règlements de l'Association Internationale du Yachting Automobile.**

## Qualification des Canots

Les embarcations sont réparties en trois classes :

1° Racers;

2° Hydroplanes ;

3° Cruisers.

Aucune embarcation munie soit d'une coque, soit de flotteur et qui se sustente par des plans porteurs s'appuyant sur l'air, ne pourra prendre part aux courses de canots automobiles ou d'hydroplanes.

### I. RACERS

Les RACERS sont des embarcations de course munies d'un moteur automobile, ainsi qu'il a été défini à l'article 3. La puissance et les dimensions de ce moteur ne sont restreintes par aucune limitation. En revanche, cette classe est réservée aux embarcations ayant une coque dont la coupe longitudinale immergée ne présente aucune solution de continuité, ni de courbe à double inflexion. Toute adjonction de surfaces auxiliaires de glissement et d'appui fixes ou mobiles, de quelque nature qu'elles soient, à quelque moment que ce soit, est également interdite.

Les figures 1, 2, 3, 4, annexées au présent règlement, présentent quatre exemples des formes de coques ainsi interdites, mais le Comité des courses se réserve tout droit d'exclure de la catégorie « Racers » pour la classer dans la catégorie « Hydroplanes » toute embarcation qui lui paraîtra tomber sous la définition ci-dessus.

La longueur maxima des racers est fixée à 15 mètres. Il y a donc une seule série de racers dite à puissance illimitée.

## II. HYDROPLANES

On appelle HYDROPLANE une embarcation de course munie d'un moteur automobile, ainsi qu'il a été défini à l'article 3. La puissance et la dimension de ce moteur ne sont restreintes par aucune limitation.

En revanche, cette classe est réservée aux embarcations, ou n'ayant pas de coque proprement dite, mais de simples flotteurs, ou ayant une coque dont la coupe longitudinale immergée

Fig. 1. Coque en solution de continuité.

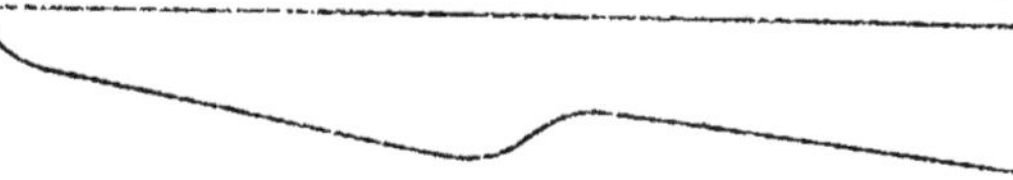

Fig. 2. Coque avec courbe à double inflexion.

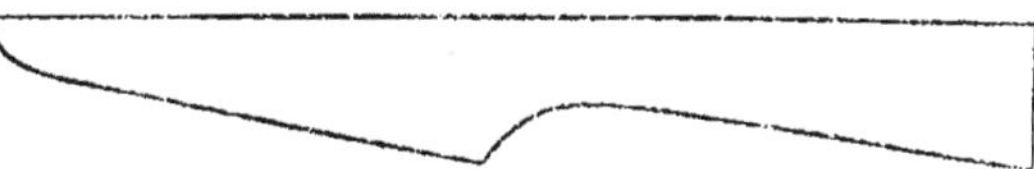

Fig. 3. Coque avec courbe à double inflexion.

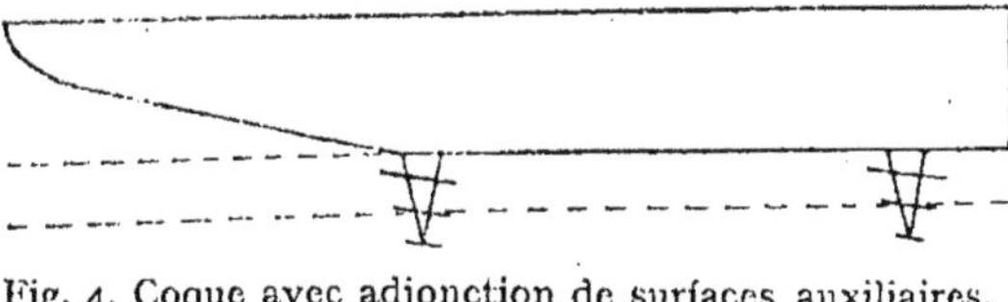

Fig. 4. Coque avec adjonction de surfaces auxiliaires.

présente soit une solution de continuité, soit une courbe à double inflexion, soit des surfaces auxiliaires adjointes du genre défini plus haut, soit un dispositif permettant en cours de route l'adjonction de ces surfaces.

La longueur maxima des hydroplanes est fixée à 15 mètres.

## III. CRUISERS

Les CRUISERS sont des embarcations définies d'après les éléments suivants :

1° Forme de la coque.

2° Longueur de la coque, qui fixe les séries.

3° Dimensions minima d'après la longueur.

4° Puissance du moteur d'après la série.

5° Nombre de places disponibles à bord d'après la longueur de la coque.

6° Poids de l'embarcation d'après la puissance du moteur.

7° Dispositif de débrayage.

Ces éléments sont définis dans les articles suivants :

1° *Forme de la coque.* — La définition de la forme générale de la coque est la même que pour les racers, c'est-à-dire que cette classe est réservée aux embarcations ayant une coque dont la coupe longitudinale immergée ne présente aucune solution de continuité ou de courbe à double inflexion ; toute adjonction de surfaces auxiliaires fixes ou mobiles, de glissement et d'appui, de quelque nature qu'elle soit, est également interdite.

Le Comité des courses se réserve les mêmes droits que pour les racers.

2° *Longueur et séries.* — Les coques des cruisers ainsi définies sont classées en séries

Fischer repart de la plage de la Vieille. Henry Farman, en bras de chemise, surveille la mise en route.

Comment les appareils s'échouaient. Le commissaire, M. J. Schneider, pieds nus, donne le départ.

d'après la longueur, exception faite pour la première série dans laquelle cette longueur est facultative.

On entend par longueur la distance horizontale entre les verticales passant par les extrémités de la coque proprement dite (sans les ceintures, etc.), et non compris le gouvernail, à moins qu'il ne soit propulseur.

La première série, dite des « I. S. C. », comprend les embarcations ayant un moteur monocylindrique de 100 ‰ d'alésage au maximum, ou 80 ‰ pour 2 cylindres, ou 65 ‰ pour 4 cylindres.

Dans cette série la longueur est facultative, mais le canot doit répondre aux deux conditions suivantes en sus de la limitation de force du moteur :

1° Le canot doit peser en charge, comme il est défini plus loin, un minimum de 650 kilos.

2° La coque doit avoir les mêmes rapports que les cruisers des autres séries, dimensions calculées également d'après sa longueur. La longueur est donc facultative, mais elle fixe les autres dimensions.

La deuxième série comprend les embarcations de 6 m. 50 de longueur et au-dessous ;

La troisième série comprend les embarcations de 6 m. 50 à 8 mètres ;

La quatrième série comprend les embarcations de 8 à 12 mètres ou 40 pieds anglais ;

La cinquième série comprend les embarcations de 12 à 18 mètres ou 60 pieds anglais.

3° *Dimensions minima d'après la longueur.* — Les cruisers doivent avoir des dimensions minima réglementaires de coque qui sont fixées d'après la longueur de cette coque.

Ce sont :

*a*) La hauteur du franc-bord.

Pour les bateaux non pontés ou partiellement pontés, le coefficient de sécurité, pour la navigation, sera la hauteur du franc-bord au maître-couple.

Celle-ci ne sera jamais inférieure en charge à 0 m. 20 + 0.03 L, L étant la longueur de la coque proprement dite.

Le franc-bord est mesuré en charge au maître-couple avec l'armement réglementaire et l'approvisionnement de combustible. L'hiloire ou tout autre artifice ne compte pas pour le franc-bord, qui se termine avec la coque proprement dite, soit que celle-ci se termine par une arête vive ou par un arrondi.

*b*) La largeur du maître-bau ou maître-couple.

Cette largeur sera au minimum déterminée par la formule

$$0,60 + \frac{L}{8}$$

L étant la longueur du canot comme elle est définie plus haut.

Cette formule est sujette, pour les deux dimensions, à une tolérance de 2,5 o/o et de 5 o/o pour les canots dont le certificat de jauge ainsi établi est antérieur au 31 juillet 1904.

4° ***Puissance des moteurs d'après la série.***

Dans chaque série, il y a limitation de puissance du moteur. Cette limitation est obtenue par celle de « l'alésage ». L'alésage maximum est :

Pour la deuxième série, de 90 m/m par cylindre pour les moteurs à quatre cylindres, ou l'équivalent en surface de piston ;

Pour la troisième série, de 106 m/m par cylindre pour les quatre cylindres ou l'équivalent ;

Pour la quatrième série, de 130 m/m par cylindre pour les quatre cylindres ou l'équivalent ;

Pour la cinquième série, de 155 m/m par cylindre pour les quatre cylindres ou l'équivalent en surface de piston. Les dimensions des courses des pistons sont libres.

5° *Nombre de places disponibles à bord.* — Les cruisers devront pouvoir porter pendant la course, en toute sécurité, un nombre de personnes adultes suffisamment à l'aise. Ce nombre est égal à la longueur du bateau exprimée en mètres moins un, chaque fraction de mètre comptant pour un mètre. Toutefois, pour les bateaux de moins de 6 m. 50 où le coefficient d'utilisation est moins grand, ce nombre est fixé à 4 personnes seulement. Les passagers pourront être remplacés par du lest, mais la place disponible à bord doit toujours être suffisante pour recevoir le nombre de passagers réglementaire. Cette place est fixée à 0 m. 45 au minimum dans les trois dimensions.

6° *Le poids de l'embarcation d'après la puissance du moteur.* — Un poids minimum est imposé pour les embarcations.

Ce poids est calculé en charge. Le Congrès de Paris du 25 octobre 1910 a ainsi défini le *poids* en charge dans le Règlement International :

« On appelle poids en charge le poids de la coque, du moteur, des passagers ou de leur lest. »

Par coque on entend la coque proprement dite avec son armement. Les pièces de rechange ne font pas partie du moteur.

Le poids en charge est ainsi fixé d'après la puissance du moteur déterminée elle-même par l'alésage.

**1re SÉRIE ⌀ 1 cylindre de 100 m/m d'alésage ou l'équivalent ⌀ ⌀ ⌀**

*Poids minimum en charge :* 650 *kilos.*

**2e SÉRIE ⌀ Au-dessous de 6 m. 50**

| ALÉSAGE EN m/m | POIDS EN CHARGE EN KGS |
|---|---|
| 85 - | 755 kgs |
| 86 - | 788 - |
| 87 - | 821 - |
| 88 - | 856 - |
| 89 - | 891 - |
| 90 - | 930 - |

Pour tout alésage inférieur à 85 m/m, le poids minimum exigé en charge sera de 755 kilos.

**3e SÉRIE ⌀ De 6 m. 50 à 8 mètres**

| | |
|---|---|
| 100 m/m | 1.065 kgs |
| 101 - | 1.104 - |
| 102 - | 1.143 - |
| 103 - | 1.185 - |
| 104 - | 1.221 - |
| 105 - | 1.270 - |
| 106 - | 1.314 - |

Pour tout alésage inférieur à 100 m/m, le poids minimum exigé en charge sera de 1.065 kilos.

**4e SÉRIE ⌀ De 8 m. à 12 mètres**

| | |
|---|---|
| 120 m/m | 1.382 kgs |
| 121 - | 1.424 - |
| 122 - | 1.467 - |
| 123 - | 1.511 - |
| 124 - | 1.556 - |
| 125 - | 1.601 - |
| 126 - | 1.648 - |
| 127 - | 1.696 - |
| 128 - | 1.744 - |
| 129 - | 1.794 - |
| 130 - | 1.844 - |

Pour tout alésage inférieur à 120 m/m, le poids minimum exigé en charge sera de 1.382 kilos.

## LES VAINQUEURS DE 1912.

*Hispano-Suiza*, gagnant du prix de l'International Sporting-Club.

*Sigma III* gagnant du prix de Monaco.

*Grégoire IX*, gagnant du prix du Tir aux Pigeons.

**5ᵉ SÉRIE — De 12 m. à 18 mètres**

| | | |
|---|---|---|
| 140 m/m | .................... | 1.971 kgs. |
| 141 - | .................... | 2.022 - |
| 142 - | .................... | 2.074 - |
| 143 - | .................... | 2.127 - |
| 144 - | .................... | 2.181 - |
| 145 - | .................... | 2.256 - |
| 146 - | .................... | 2.292 - |
| 147 - | .................... | 2.349 - |
| 148 - | .................... | 2.407 - |
| 149 - | .................... | 2.467 - |
| 150 - | .................... | 2.527 - |
| 151 - | .................... | 2.588 - |
| 152 - | .................... | 2.650 - |
| 153 - | .................... | 2.713 - |
| 154 - | .................... | 2.778 - |
| 155 - | .................... | 2.843 - |

Pour tout alésage inférieur à 140 m/m, le poids minimum exigé sera de 1.971 kilos.

Ces poids seront vérifiés, ainsi que les dimensions des canots, par les soins du Comité. Aucun cruiser ne pourra se mettre en ligne sans avoir été ainsi jaugé. Le Congrès International du 25 octobre 1910 a décidé que les mesures des moteurs seraient prises au 1/10 de millimètre, mais que seuls les millimètres entreraient en ligne de compte.

7° *Dispositif de débrayage.* — Tous les cruisers devront être munis d'un dispositif de débrayage, c'est-à-dire d'un dispositif permettant à volonté la suppression de toute liaison entre le moteur et l'hélice. Vérification sera faite de l'efficacité de ce dispositif.

**CRUISERS DE LA SÉRIE 21 PIEDS B. M. B. C.**

Il est également ouvert une série de cruisers extra-réglementaires de la série dite des 21 pieds du British Motor Boat Club, les cruisers sont ainsi définis :

1. — La longueur de la coque ne doit pas excéder 21 pieds anglais de 0 m. 30479 (6 m. 40).

2. — La largeur ne doit pas être inférieure à 3 pieds 9 (1 m. 142), dimension prise sur la plus grande largeur à l'extérieur du bordé.

3. *Moteur.* — Le moteur doit être à explosions, fabriqué dans le même pays que la coque. Le nombre des cylindres est à la volonté du constructeur, pourvu que la cylindrée totale ne dépasse pas 151 inches cubes, ou 2 dmc. 474154 et la course du piston ne soit pas supérieure à 6 pouces (0 m. 152394).

4. — Toutes les parties de la coque, du moteur, les hélices et accessoires de propulsion doivent être manufacturées, finies et mises en place dans le même pays où ont été fabriqués la coque et le moteur. Exception est faite pour les magnétos, carburateurs et bougies.

5. — Les hydroplanes ne sont pas compris dans cette classe.

6. *Echantillonnage.* — Le bordé doit être en bois, d'une épaisseur au moins égale à 1/4 de pouce (6 mm. 350), terminé. Les 2/3 du bateau doivent être pontés, avec du bois d'une épaisseur d'au moins 3/16 de pouce, terminé (4 mm. 762).

Il est recommandé que tous les nouveaux bateaux soient construits avec deux cloisons étanches, l'une à l'avant, l'autre à l'arrière du moteur.

7. *Combustible.* — Le pétrole et l'essence seuls doivent être employés, et l'air atmosphérique seul doit être utilisé pour la combustion de ces liquides.

8. *Certificats.* — Un certificat prouvant que

la machine et le bateau sont conformes aux règles de la classe devra être soumis au Clerk of the Course avant que le bateau puisse prendre part à la première course de sa classe.

9. — Un jaugeur officiel sera affecté à la délivrance de ces certificats.

10. *Handicap fixé.* — En cas de handicap, le seul handicap suivant sera mis en vigueur : 8 secondes par nœud pour un premier prix gagné ; 4 secondes par nœud pour un deuxième prix, et 2 secondes par nœud pour un troisième prix. Un non-départ sera pénalisé 5 secondes par nœud. Toutes les pénalités seront comptées et accumulées.

11. — Les bateaux qui ont couru dans les années antérieures à 1911 ou pendant la saison de 1911 sont compris et peuvent courir sous ce règlement.

## QUELQUES PASSAGERS DE MARQUE EN "HYDRO"

M. Paul Déroulède avec Eugène Renaux.

Blériot monte pour la première fois dans un biplan que va piloter sur l'eau Henry Farman.

# PROGRAMME DES COURSES

Voici maintenant le programme des courses qui commenceront le 5 avril : chaque matin, le Comité des courses décidera, d'après l'état de la mer, si les épreuves ont lieu ce jour-là, si elles n'ont pas lieu, ou si ce jour est réservé aux hydroaéroplanes. Elles seront, dans l'un ou l'autre de ces cas, remises d'office au jour suivant, si le temps le permet.

## Première Journée

### I. PRIX DE L'INTERNATIONAL SPORTING CLUB

*Handicap. 50 kil. environ. 8 tours de piste.*
*Cruisers réglementaires. 1re, 2e et 3e séries réunies.*

Le handicap sera le même pour tous les bateaux d'une même série et basé sur le record des 50 kil. de cette série. Ces records sont :

1er série, 50 kil. en 1 h. 16 minutes.
2e — — 1 h. 6 minutes.
3e — — 1 h. 4 m. 30 secondes.

La 3e série rendra donc 11 minutes 30 secondes à la 1re série, et 1 minutes 30 secondes à la 2e série.

Un premier prix de 3.000 francs sera affecté au gagnant; un second prix de 2.000 francs sera affecté au premier canot suivant qui ne sera pas de la série du gagnant; un troisième prix de 1.200 francs au canot suivant qui ne sera d'aucune des deux séries précédentes; un quatrième prix de 800 francs au premier canot classé n'ayant pas de prix d'après la répartition ci-dessus.

*Départs à partir de 10 heures du matin. Contrôle fermé à 3 heures de l'après-midi.*

**Prix : 7.000 francs**

| | | |
|---|---|---|
| 1er Prix | Fr. 3.000 | » |
| 2e — | 2.000 | » |
| 3e — | 1.200 | » |
| 4e — | 800 | » |

*D'après la répartition ci-dessus.*

### II. PRIX DU PREMIER PAS

*Scratch.* 50 *kil. environ.* 8 *tours de piste. Cruisers série « 21 pieds B. M. B. C. »*

**Prix : 2.500 francs**

| | | |
|---|---|---|
| Au 1er . . . . . . . . . . . . . | Fr. | 1.000 » |
| Au 2e . . . . . . . . . . . . . . . . . | | 800 » |
| Au 3e . . . . . . . . . . . . . . . . . | | 500 » |
| Au 4e . . . . . . . . . . . . . . . . . | | 200 » |

*Départ à* 3 *heures de l'après-midi. Contrôle fermé à* 6 *heures.*

## Deuxième Journée

### I. PRIX DE LA MÉDITERRANÉE

*Handicap.* 50 *kil. environ.* 8 *tours de piste. Cruisers série « 21 pieds B. M. B. C. ».*

*Handicap réglementaire, voir page 39.*

**Prix : 1.500 francs**

| | | |
|---|---|---|
| Au 1er . . . . . . . . . . . . . | Fr. | 800 » |
| Au 2e . . . . . . . . . . . . . . . . . | | 400 » |
| Au 3e . . . . . . . . . . . . . . . . . | | 300 » |

*Départs à partir de* 10 *heures du matin. Contrôle fermé à* 3 *heures de l'après-midi.*

### II. PRIX DE LA COTE D'AZUR

*Scratch.* 50 *kil. environ.* 8 *tours de piste. Cruisers réglementaires 4e série.*

**Prix : 7.000 francs**

| | | |
|---|---|---|
| Au 1er . . . . . . . . . . . . . | Fr. | 4.500 » |
| Au 2e . . . . . . . . . . . . . . . . . | | 1.300 » |
| Au 3e . . . . . . . . . . . . . . . . . | | 800 » |
| Au 4e . . . . . . . . . . . . . . . . . | | 400 » |

*Départ à 3 heures de l'après-midi. Contrôle fermé à* 6 *heures.*

## Troisième Journée

### I. PRIX DE LA RIVIERA

*Scratch. 50 kil. environ. 8 tours de piste. Cruisers réglementaires 5e série.*

**Prix : 6.000 francs**

Au 1er . . . . . . . . . . . . . . . . Fr. 5.000 »
Au 2e . . . . . . . . . . . . . . . . . . 1.000 »

*Départ à 10 heures du matin. Contrôle fermé à 3 heures de l'après-midi.*

### II. PRIX DE MONACO

*Scratch. 50 kil. environ. 8 tours de piste. Hydroplanes.*

**Prix : 7.000 francs**

Au 1er . . . . . . . . . . . . . . . . Fr. 5.000 »
Au 2e . . . . . . . . . . . . . . . . . . 2.000 »

*Départ à 3 heures de l'après-midi. Contrôle fermé à 5 heures.*

## COUPE DES NATIONS — GRAND PRIX INTERNATIONAL

*Trois canots au maximum par nation. — Parcours : 150 kil. environ. 24 tours. Départ à 2 heures de l'après-midi. Contrôle fermé à 7 heures du soir.*

**Prix : 10.000 francs**

**et un objet d'art offert par son Excellence M. le Ministre de la Marine française**

Au 1er .. .. .. Fr. 7.000 » — Au 2e .. .. .. .. 2.000 » — Au 3e .. .. .. .. 1.000 »

*Une Médaille au Club représentant l'Association Internationale du Yachting Automobile, dont les trois canots auront été ou classés, ou les mieux classés dans cette épreuve, par addition de temps.*

### RÈGLEMENT DE LA COUPE DES NATIONS

Tout canot régulièrement inscrit au Meeting peut partici, er au Championnat International pour la nation dont il porte le pavillon, s'il n'y a pas plus de trois canots de sa nationalité. Il lui suffit de se faire inscrire spécialement pour cette course.

Les engagements réservés aux canots déjà inscrits dans le Meeting seront reçus gratuitement jusqu'à la veille des éliminatoires, à midi, au Comité des courses.

S'il y a plus de trois canots inscrits pour représenter une même nation, il sera procédé à une ou plusieurs éliminatoires, une par nation, sur la même distance de 150 kilomètres.

C'est la nationalité du moteur qui donnera celle du canot.

S'il n'y a que trois (ou moins de trois) canots portant pavillon d'une même nation, ils seront qualifiés d'office.

En cas d'éliminatoires, les trois premiers sont qualifiés pour la finale, et les trois suivants comme remplaçants, dans l'ordre, au cas de forfait au départ des classés.

Tout canot qualifié qui a passé la limite de départ ne peut plus être suppléé par un remplaçant.

Il est int. rdit, sous peine de disqualification et de retrait des prix déjà gagnés pendant le Meeting, à tout canot qualifié pour le Grand Prix International, de prendre le départ de la finale ou d'accompagner une portion quelconque du parcours pendant la course.

Les canots qualifiés devront porter (au cours des éliminatoires éventuelles, ainsi que pour la finale) à l'arrière, leur pavillon national, dont les dimensions seront d'au moins 50 centimètres de côté (ce pavillon devra être à plus de 50 centimètres de la base de la hampe).

## Quatrième Journée

### I. PRIX DES DAMES ø ø ø ø

*Handicap corrigé.* 50 *kil. environ.* 8 *tours de piste.*

*Cruisers série « 21 pieds B. M. B. C. ».*

**Prix : 2.000 francs**

| | | |
|---|---|---|
| Au 1er .................... | Fr. | 800 » |
| Au 2e .................... | | 500 » |
| Au 3e .................... | | 400 » |
| Au 4e .................... | | 300 » |

*Départs à partir de* 10 *heures du matin. Contrôle fermé à* 3 *heures de l'après-midi.*

### II. PRIX DE MONTE-CARLO ø

*Scratch.* 50 *kil. environ.* 8 *tours de piste.*

*Racers.*

**Prix : 8.000 francs**

| | | |
|---|---|---|
| Au 1er .................... | Fr. | 6.000 » |
| Au 2e .................... | | 2.000 » |

*Départ à* 3 *heures de l'après-midi. Contrôle fermé à* 6 *heures.*

## Cinquième Journée

### *ÉLIMINATOIRES DE LA COUPE DES NATIONS ⸙ ⸙ CHAMPIONNATS DE CHAQUE PAYS*

*Tous canots nationaux — c'est-à-dire mus par un moteur fabriqué dans le pays qu'ils veulent représenter. — (Voir la spécification au programme du Grand Prix International, Coupe des Nations.) Distance :* 150 *kil. environ.* 24 *tours.*

*Les trois premiers seront qualifiés pour représenter chaque pays dans la Coupe des Nations. Le* 4e, *le* 5e *et le* 6e *seront nommés remplaçants, en cas de forfait ou de non départ d'un de leurs nationaux. Les canots devront courir avec le même pavillon que dans la Coupe des Nations.*

*Les départs seront donnés suivant le nombre des éliminatoires à disputer, chaque éliminatoire se disputant séparément. (Voir le règlement de la Coupe des Nations pour l'inscription spéciale dans cette épreuve.)*

### *GRAND CRITÉRIUM ⸙ ⸙ ⸙*

*Scratch.* 40 *milles marins environ.* 12 *tours de piste.*

*Cruisers série* " 21 *pieds B. M. B. C.* ".

**Prix : 4.000 francs**

**et la Coupe de 100 guinées (2.650 francs) offerte au gagnant par le British Motor Boat Club, en propriété définitive.**

Au 1er .. .. .. ..Fr. 2.000 » et la Coupe.
Au 2e. .. .. .. .. .. 1.000 »
Au 3e. .. .. .. .. .. 600 »
Au 4e. .. .. .. .. .. 400 »

*Les départs de ces deux courses seront fixés par le Comité d'après le nombre des canots engagés dans les Eliminatoires.*

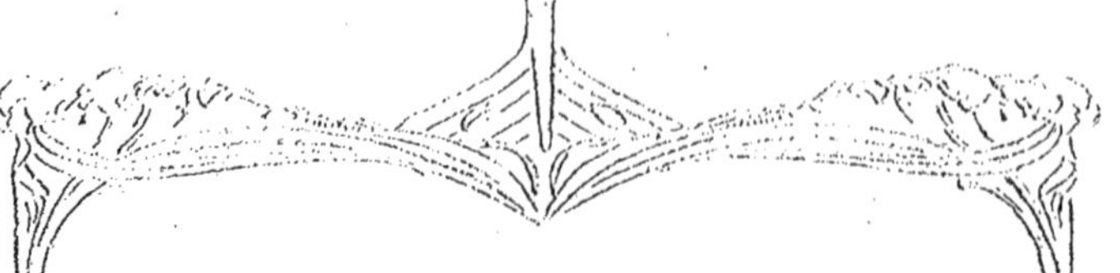

## Sixième Journée

### CHAMPIONNAT DE LA MER

*Scratch.* 200 *kilomètres environ.* 32 *tours de piste.*

*Cruisers réglementaires et série* "21 *pieds B. M. B. C.", qualifiés dans le Meeting.*

**Prix : 10.000 francs**

Au 1er. . . . . . . . . . . Fr. 6.000 »
Au 2e. . . . . . . . . . . . . . 2.000 »
Au 3e. . . . . . . . . . . . . . 1.200 »
Au 4e. . . . . . . . . . . . . . 800 »

*Un objet d'art au premier canot de chaque série n'ayant pas remporté de prix.*

*Départ à* 11 *heures du matin. Contrôle fermé à* 7 *heures du soir.*

## Septième Journée

### COUPE DES NATIONS

*Scratch.* 150 *kil. environ.* 24 *tours de piste. Trois canots au maximum par nation.*

**Prix : 10.000 francs**
**et un objet d'art.**

Au 1er. . . . . . . . . . . Fr. 7.000 »
Au 2e. . . . . . . . . . . . . . 2.000 »
Au 3e. . . . . . . . . . . . . . 1.000 »

*Départ à* 2 *heures de l'après-midi. Contrôle fermé à* 7 *heures.*

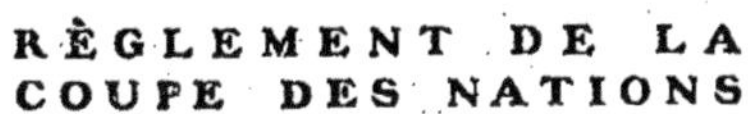

## RÈGLEMENT DE LA COUPE DES NATIONS

Tout canot régulièrement inscrit au Meeting peut participer au Championnat International pour la nation dont il porte le pavillon, s'il n'y a pas plus de trois canots de sa nationalité. Il lui suffit de se faire inscrire spécialement pour cette course.

Les engagements réservés aux canots déjà inscrits dans le Meeting seront reçus gratuitement jusqu'à la veille des Eliminatoires, à midi, au Comité des courses.

S'il y a plus de trois canots inscrits pour représenter une même nation, il sera procédé à une ou plusieurs éliminatoires, une par nation, sur la même distance de 150 kilomètres.

C'est la nationalité du moteur qui donnera celle du canot.

S'il n'y a que trois (ou moins de trois) canots portant pavillon d'une même nation, ils seront qualifiés d'office.

En cas d'éliminatoires, les trois premiers sont qualifiés pour la finale, et les trois suivants comme remplaçants, dans l'ordre, au cas de forfait au départ des classés.

Tout canot qualifié qui a passé la limite de départ ne peut plus être suppléé par un remplaçant.

Il est interdit, sous peine de disqualification et de retrait des prix déjà gagnés pendant le Meeting, à tout canot non qualifié pour le Grand Prix International, de prendre le départ de la finale ou d'accompagner une portion quelconque du parcours pendant la course.

Les canots qualifiés devront porter (au cours des éliminatoires éventuelles, ainsi que pour la finale) à l'arrière leur pavillon national, dont les dimensions seront d'au moins 50 centimètres de côté (ce pavillon devra être à plus de 50 centimètres de la base de la hampe).

## LES "21 PIEDS" DU BRITISH MOTOR BOAT CLUB.

La flottille au mouillage dans le port de Monaco.

En course : *Dyack*, le vainqueur (n° 11), à M. Lance Gamble et *Angela*, au Dr Morton Smart.

## Huitième Journée

Réservée aux Hydroaéroplanes.

## Neuvième Journée

*COUPE DE*
*S. A. S. LE PRINCE DE MONACO*

LE MILLE MARIN ET LE KILOMÈTRE

**10.000 francs de prix**

Cette course, quelles que puissent être les modifications apportées au programme par suite de l'état de la mer, sera disputée, si le temps le permet, le dimanche 13 avril.

La Coupe de S. A. S. le Prince de Monaco (Mille marin arrêté et Kilomètre lancé) est une course en ligne par catégories, réservée à toute embarcation ayant terminé une des courses de 50 kilomètres, ou ayant parcouru cette distance dans le Championnat de la Mer, ou la Coupe des Nations (Eliminatoires ou Finale).

### I. RACERS & HYDROPLANES

1re série. — Hydroplanes.

2e série. — Racers.

Les deux premiers de chaque série sont qualifiés pour la finale.

*Finale entre les quatre qualifiés.*

1er prix : 2.000 francs et la Coupe de S. A. S. le Prince de Monaco, d'une valeur de 5.000 francs. Fr. 7.000 »
2e prix .. .. .. .. .. .. .. .. .. 1.000 »

## II. CRUISERS

**(courant avec le poids réglementaire)**

1re série. — Cruisers de moins de 8 mètres, et série " 21 pieds B. M. B. C. "
2e série. — Cruisers de plus de 8 mètres.

*Finale.*

Les deux premiers de chaque série sont qualifiés pour la finale.

1er prix .. .. .. .. .. .. .. Fr. 1.500 »
2e prix .. .. .. .. .. .. .. .. .. 500 »

Le 1er et le 2e prix seront donnés chacun au premier dans la finale de chacune des séries, aussi bien pour les racers que pour les cruisers.

Les courses seront courues dans l'ordre suivant :

1° Séries des cruisers ;
2° Hydroplanes ;
3° Racers ;
4° Finale des cruisers;
5° Finale entre hydroplanes et racers.

## PARCOURS

Le parcours des courses comprend un polygone allongé, délimité par six bouées que les concurrents doivent toutes laisser à bâbord. Dans toutes les courses, à l'exception de la Coupe de S. A. S. le prince Albert de Monaco. Au premier tour le départ doit être pris entre les bouées A et E, la bouée A pouvant indifféremment

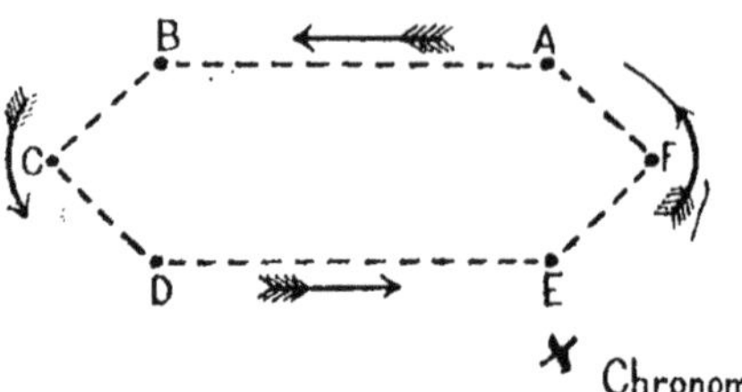


ment être laissée à bâbord ou à tribord, la bouée B étant la première que l'on doit laisser obligatoirement à bâbord.

Dans toutes les courses, sauf les handicaps, le départ est en ligne.

*Parcours de la Coupe de S. A. S. le Prince de Monaco.*

Le parcours de la Coupe comporte une distance de 2.852 mètres en ligne droite, avec trois chronométrages : au départ, aux 1.000 mètres et à l'arrivée.

Les départs se font en ligne, lancés, derrière le canot du starter qui reste seul maître du départ jusqu'à ce qu'il ait abaissé son drapeau.

En cas de mauvais départ, le starter garde son drapeau levé, et les canots doivent revenir se placer.

### 500 FRANCS DE GARANTIE

Une indemnité de déplacement de 500 francs sera accordée à tout canot régulièrement engagé, arrivé dans les délais voulus et ayant effectué quatre tours de piste, dont un à une vitesse moyenne d'au moins 25 kilomètres à l'heure.

Seront seuls chronométrés pour cette indemnité les canots ayant coupé la ligne de départ une demi-heure au plus tard après le départ de la course. Ces indemnités seront réservées aux canots n'ayant pas couru en 1913, avant le Meeting de Monaco.

## DÉLAI ET DROITS DE RÉCLAMATION

L'article du règlement de courses laissant au jury le soin de fixer le délai et les droits de réclamation, il a été décidé que :

1° Aucune réclamation sur la qualification d'un concurrent ne sera admise après midi, veille de la course, le canot sur lequel elle porte ayant figuré à l'Exposition ;

2° Aucune réclamation ne sera admise après la course, que sur fait s'étant passé pendant la course ;

3° Aucune réclamation ne sera admise passé une heure après la fermeture légale du contrôle ;

4° Toute réclamation doit être accompagnée d'un dépôt de 100 francs, qui n'est rendu au dépositaire que si sa réclamation est acceptée ;

5° Toute réclamation, accompagnée du dépôt, doit être rédigée par écrit, signée et remise dans les délais fixés plus haut, au nom du président du Comité des Courses, à l'Exposition de Monaco. Un reçu daté certifiera l'heure et le jour du dépôt ;

6° Seuls auront le droit de porter une réclamation : 1° le propriétaire (ou son représentant agréé par lui) du canot au nom duquel a été fait l'engagement ; 2° le conducteur du canot pendant la course, au sujet de laquelle porte la réclamation.

## RÈGLES DE ROUTE A LA MER

Les conditions du parcours sont indiquées aux coureurs par des instructions écrites.

## LES « HYDROS » EN ROUTE POUR LE LARGE

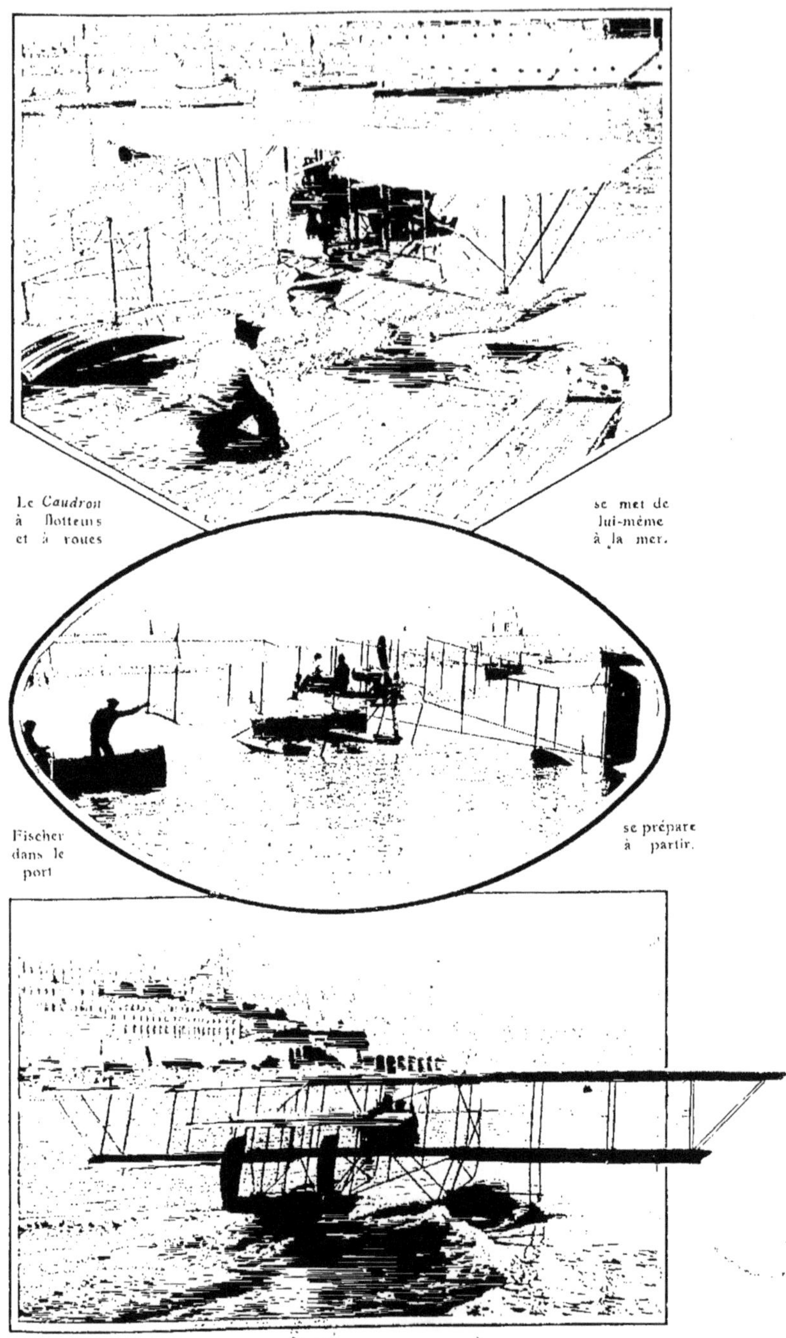

Le *Caudron* à flotteurs et à roues se met de lui-même à la mer.

Fischer dans le port se prépare à partir.

Renaud sort du port.

Les instructions verbales ne pourront être données qu'avant le commencement de la course et pour assurer l'exécution des instructions écrites qui seules feront foi en cas de contestation.

Le jury peut arrêter une course commencée s'il juge que le temps est devenu dangereux pour les concurrents. La course est alors remise au lendemain ou de jour en jour à une date ultérieure. L'ensemble du programme subit alors le même ajournement.

Le parcours ne peut s'effectuer qu'à l'aide de la machine seule ; tout propulseur étranger est rigoureusement prohibé.

Toutes réparations autres que celles pouvant être effectuées par les seuls moyens du bord sont interdites pendant la course. On ne peut s'approvisionner en cours de route.

Deux bateaux sont considérés comme engagés l'un sur l'autre lorsque celui qui est derrière, se trouvant à la hauteur de celui qui le précède, ne peut, à son choix, passer d'un bord ou de l'autre sans qu'il y ait contact.

Si plusieurs canots se présentent ensemble au virage ou sur un obstacle et qu'ils soient engagés les uns sur les autres, de façon à ne pouvoir s'écarter de la bouée ou de l'obstacle, celui qui est le plus au large doit s'en éloigner le premier, et ainsi de suite des autres, de manière que celui qui est le plus en dedans ait la place pour ne pas aborder la bouée, l'obstacle ou ses concurrents.

La disparition d'une bouée entraîne l'annulation de la course, à moins que cette disparition n'ait été que momentanée ou qu'elle n'ait en rien modifié les conditions du parcours.

Les canots sont considérés comme arrivés quand l'extrémité avant de leur coque a dépassé la ligne de pointage, mais ils restent soumis à toutes les règles de course jusqu'à ce qu'ils aient franchi cette ligne par toutes les parties de leurs coques.

Toute infraction constatée au règlement entraîne la mise hors de course du canot en faute.

Si l'infraction est le résultat d'une faute commise par un autre canot, ce dernier seul est mis hors de course.

En aucun cas, la juridiction instituée par le présent règlement pour statuer sur les difficultés de courses ne pourra être saisie des questions relatives aux indemnités qui seraient prétendues à raison d'avaries ou autres dommages matériels.

On peut mouiller une ancre en course, mais à la condition de la reprendre à bord avant de continuer le parcours. Il est interdit d'accoster. Tout mode de tenue autre que l'ancre est également interdit et entraîne la mise hors de course.

Les canots échoués ou ayant abordé un obstacle quelconque peuvent continuer la course, à la condition de s'être renfloués par leurs propres moyens : ancres, gaffes, espars, etc. Toute assistance étrangère est interdite. Les canots doivent avoir repris à bord tous les apparaux qui ont servi à leur renflouage avant de continuer la course.

Les règles générales de route prescrites par les règlements sont également réglementaires pour les canots en course, vis-à-vis de leurs concurrents ou vis-à-vis des bateaux étrangers à la course.

Un canot qui en dépasse un autre, quelle que

soit son allure, doit manœuvrer de façon à ne pas obliger celui qui marche moins vite à changer de route, et réciproquement, celui qui marche moins vite ne doit pas changer de route pour empêcher son concurrent de le dépasser.

Le canot marchant plus vite doit laisser l'autre à bâbord (gauche) pour les courses de vitesse en rade, où tous les virages se font sur la gauche.

Les embarcations amarrées par les soins du Comité sur les bouées ou bateaux-bouées sont considérées comme en faisant partie. Le Comité s'efforcera d'empêcher d'autres bateaux de s'amarrer sur les bouées.

Le simple contact entre deux canots, s'il n'a pas porté préjudice et s'il n'est pas le résultat d'une manœuvre illicite ou d'un refus de passage, n'entraîne pas nécessairement la mise hors de course. Le Comité statuera seul sur ce point.

Dans le cas où un canot serait mis hors de course après avoir gagné un prix, le canot qui le suit dans l'ordre de classement recevra le prix qui aurait été acquis au premier rang.

Pendant toute la course, les canots devront avoir des bouées de sauvetage, prêtes à être lancées.

Si un homme vient à tomber à l'eau ou un canot à chavirer, les bateaux en position de porter secours doivent le faire. La course est alors remise, à moins que les prix n'aient été acquis par des embarcations ayant terminé leur parcours avant l'accident. L'embarcation ayant eu besoin de secours qui aura motivé un semblable ajournement, ne pourra prendre part à la nouvelle épreuve.

### MESURES DE SÉCURITÉ INDIVIDUELLE

Les canots devront être pontés au moins sur un tiers de leur longueur.

Ils devront avoir à bord un nombre de bouées égal au nombre des hommes de l'équipage.

Chaque homme devra porter, pendant la course, un gilet de sauvetage.

Chaque canot devra avoir également à bord un nombre suffisant d'extincteurs d'incendie.

Les canots devront être construits de telle façon qu'ils soient insubmersibles et puissent rester à la surface de l'eau si une voie d'eau se produisait à la coque.

## Départs

### QUALIFICATION AU DÉPART

Les départs seront donnés de la façon suivante :

Les jours de course, le pavillon monégasque hissé à la corne du mât de signaux une demi-heure avant l'heure du départ indiquera que la course a lieu pour les canots automobiles. Ce pavillon sera hissé au sémaphore de la pointe Focinane et au Fort Antoine. Ce signal sera appuyé d'une bombe. Le pavillon de l'International Sporting Club rouge, avec les lettres I. S. C. en blanc, indiquera que l'on disputera des courses d'hydroaéroplanes. Ce signal sera appuyé de deux bombes.

## QUELQUES AVIATEURS DE 1912

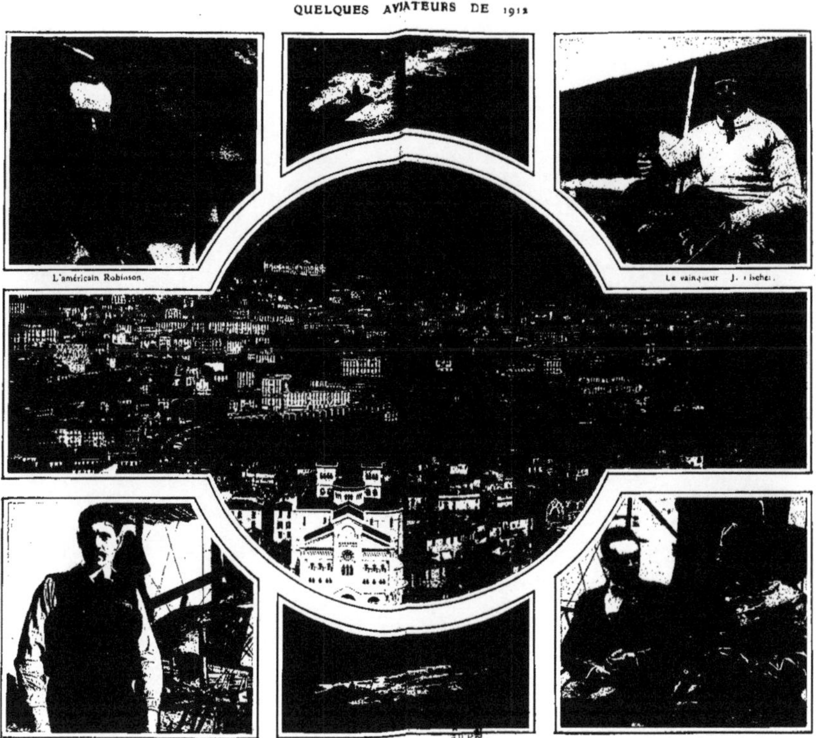

L'américain Robinson.

Le vainqueur J. Fischer.

L'aviateur Caudron.

Canots en course vus d'un hydroaéroplane.

L'aviateur Paulhan et M. R. de Soriano.

MONACO ET MONTE-CARLO. — Vus d'un hydroaéroplane. Photographie qui mérite enfin le nom de " Vue à vol d'oiseau ".

Si le Comité juge que le temps ne permet pas de courir, on hissera la flamme « Non » : pavillon triangulaire bleu percé d'une boule blanche. Elle sera hissée à la même heure et au même endroit. Ce signal sera appuyé de trois bombes.

Si la course a lieu, les pavillons seront amenés quinze minutes avant l'heure du départ, en même temps que sera hissé le pavillon de série. Ce signal sera appuyé d'une bombe pour les canots, de deux bombes pour les hydroaéroplanes.

A ce moment on hissera au sémaphore placé sur la pointe Focinane, au Tir aux Pigeons, les numéros de tous les concurrents qui doivent prendre le premier départ.

Chaque numéro restera hissé tant que le canot ou l'hydroaéroplane qui le porte sera considéré par le jury présent au sémaphore comme bien placé pour le départ, c'est-à-dire en arrière de la ligne de but. Si l'un des concurrents dépasse cette ligne, on amènera son numéro et le départ ne sera considéré comme valable que si le numéro est, auparavant, hissé à nouveau, ce qui ne sera fait que lorsque ce concurrent sera placé en arrière de la ligne de but.

Tout concurrent ne prendra donc un départ valable que si, au moment où l'on donne le signal du départ, son numéro est accroché au sémaphore.

## COMMENT L'HEURE DU DÉPART SERA ANNONCÉE

Cinq minutes avant le départ de la série dont le pavillon flotte et dont les numéros sont affichés, on hissera au sémaphore cinq boules noires.

4 minutes avant le départ, on amène la

première boule. Restent 4 boules et 4 minutes à attendre.

3 minutes avant le départ, on amène la seconde boule. Restent 3 boules et 3 minutes à attendre.

2 minutes avant le départ, on amène la troisième boule. Restent 2 boules et 2 minutes à attendre.

1 minute avant le départ, on amène la quatrième boule. Restent une boule et une minute à attendre.

A l'heure exacte du départ, on amène la dernière boule, signal appuyé si possible d'une bombe. Tous les concurrents dont le numéro est alors affiché au sémaphore sont considérés comme ayant pris le départ.

La fin de la course et la clôture du contrôle seront annoncées par deux bombes.

### DÉPARTS DE HANDICAP

Tous les handicaps ont lieu contre la montre, avec rendement au départ, de façon que l'arrivée soit l'arrivée réelle.

L'heure du départ des handicaps sera affichée à l'Exposition.

Une minute avant l'heure de départ de chaque concurrent, on hissera au sémaphore son numéro auquel flotte un pavillon rouge. Ce numéro restera hissé tant que le concurrent sera valable pour le départ, c'est-à-dire en arrière de la ligne de but. S'il dépassait cette ligne de but, on retirerait le pavillon rouge, qui ne serait remis que lorsque le concurrent serait en arrière de la ligne de départ.

A l'heure exacte du départ, on amènera ensemble le numéro et le pavillon rouge. Le concurrent sera considéré alors comme parti.

LE VAINQUEUR DE *1912*. — JULES FISCHER SUR BIPLAN HENRI FARMAN.

## ARRIVÉE

Aussitôt qu'un concurrent commence son dernier tour, on affiche son numéro au sémaphore. Au moment de son arrivée, on amène ce numéro, signal appuyé si possible d'une bombe.

## PAVILLONS DE SÉRIES

Voici la liste des signaux employés :

HYDROPLANES : Pavillon blanc portant au centre, en noir, la lettre A.

RACERS : Pavillon blanc portant au centre, en noir, la lettre B.

CRUISERS : Pavillon bleu portant au centre, en blanc, la lettre :

A cruisers dits « 1/2 tonne » (série A).
B cruisers jusqu'à 6 m. 50 (série B).
C cruisers jusqu'à 8 mètres (série C).
D cruisers jusqu'à 12 mètres (série D).
E cruisers jusqu'à 18 mètres (série E).

CRUISERS : " 21 *pieds* B. M. B. C." Pavillon bleu et blanc.

HYDROAÉROPLANES : Pavillon de l'I. S. C. rouge avec le monogramme I. S. C. en blanc.

Ces pavillons flotteront au mât de signaux tant que la course a lieu, et seront amenés après l'heure légale de fermeture du contrôle.

Au cas où la course serait interrompue, on hisserait au mât de signaux la boule noire.

Les concurrents sont donc priés de regarder le mât de signaux à chacun de leurs passages.

Le Comité des courses est seul juge des motifs qui peuvent faire remettre, suspendre ou arrêter une course, et par suite de son engagement tout concurrent est tenu d'en accepter les décisions, qui sont formelles et sans appel.

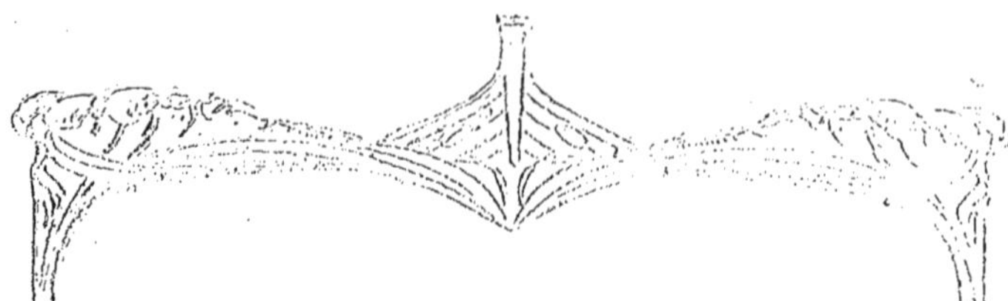

## PARCOURS

Chaque concurrent pourra retirer, au Secrétariat de l'Exposition, le plan et la description de chacune des courses.

Les bouées du parcours de vitesse seront surmontées du pavillon monégasque et sur la bouée sera amarré un canot portant le grand pavois et le pavillon monégasque.

La ligne d'arrivée pour toutes les courses est formée par une ligne fixe à terre, allant du chronomètre au sémaphore placé à l'extrémité de la pointe Focinane (Tir aux Pigeons).

C'est le prolongement de cette ligne en mer que doivent couper les concurrents pour passer l'arrivée.

Les concurrents laisseront les bouées du parcours à bâbord (gauche).

Tout concurrent qui aura franchi la ligne de départ avant le signal sera rappelé, comme il est dit plus haut, et tenu de retourner au départ, en prenant soin que l'exécution de cette manœuvre n'oblige pas ses concurrents à modifier leur route.

Les canots porteront à l'avant un numéro d'ordre peint en noir sur blanc sur guidon rigide. Ces numéros sont mis par le Comité à la disposition des coureurs. Les hydroaéroplanes porteront les numéros réglementaires du règlement de la C. S. A.

## VÉRIFICATION DU LEST ET DU POIDS

A propos de l'article de notre règlement concernant le nombre des passagers à bord des cruisers, pour permettre aux canots qui n'auront pas assez de passagers de se conformer au règlement, le Comité met à la disposition des concurrents des sacs de lest, plombés à 35 kilos;

une bascule sera installée pour le pesage des équipages dont le poids complète, on le sait, le poids en charge.

Ces sacs seront remis contre versement d'une consignation de 6 francs par sac, à restituer après les courses si les sacs sont rendus.

Avant le départ et après l'arrivée, les propriétaires de cruisers devront faire constater qu'ils ont bien à bord le chargement réglementaire. Cette vérification sera faite par le jaugeur officiel du Comité au bout du slip de droite, depuis une heure avant le départ. Après leur arrivée les canots devront venir accoster. Faute de quoi, ils ne pourraient être classés dans leur épreuve.

C'est également à ce moment qu'aura lieu la vérification du poids, d'après les marques du jaugeage.

La distribution des numéros et des sacs de lest se fera à l'Exposition, au Comité, l'après-midi de la veille de chaque course, jusqu'à 5 heures du soir.

Les concurrents sont priés de s'inscrire la veille du jour de la distribution, en stipulant le poids de lest nécessaire. Faute de cette formalité qui est, pour le Comité, un avertissement, ils pourront être réduits à trouver eux-mêmes le lest nécessaire.

## QUELQUES CANOTS VAINQUEURS EN 1912

*Saurer I*
gagnant du prix de la Côte d'Azur.

*Gavroche*,
gagnant du prix de la Méditerranée.

*Cocorico II*, à M. Pourtalé, Moteur Brasier, coque Despujols, gagnant du prix de la Riviera.

II

# HYDROAÉROPLANES

***Sous les règlements de la F. A. I. et sous le patronage de l'Aéro-Club de France***

# I° Grand Prix de Monaco

## RÈGLEMENT

Article premier. — Il est organisé pour la seconde année par l'International Sporting Club de Monaco un Meeting international d'Hydroaéroplanes auquel pourront prendre part tous les pilotes brevetés de la F. A. I.

Ce Meeting comprend deux parties :

1° Des épreuves éliminatoires sans classement, auxquelles tous les concurrents doivent avoir satisfait pour pouvoir prendre le départ des courses.

2° Deux courses avec un seul classement par addition des temps.

### DÉFINITION DES APPAREILS

Art. 2. — Pourront seuls prendre part au Meeting, les hydroaéroplanes (appareils à moteur classe C.) satisfaisant aux conditions suivantes :

I. Partir de l'eau et venir s'y poser par les seuls moyens du bord.

II. Avoir à bord, pendant toute la durée des épreuves (éliminatoires et courses) :

*a*) Deux personnes assises, pilote compris, disposant chacune d'un emplacement suffisant.

Le poids du passager est fixé à 70 kilos minimum et sera au besoin complété par du lest placé à côté de lui.

Dans le cas où le pilote remplacerait son passager par du lest, 70 kilos de lest (en deux sacs de sable) seraient placés sur le siège même que devrait occuper le passager.

Le pilote déclarera au début, s'il court avec

un passager ou avec lest, et aucun changement ne sera apporté par la suite sous peine de déclassement.

*b*) Des apparaux de marine ainsi définis : 1 ancre d'un poids minimum de 7 kgs; 30 mètres de chaîne, câbles ou filin, avec lesquels l'ancre pourra être mouillée, 1 bouée fixée au câble et à laquelle on pourra amarrer l'appareil en mer.

*c*) Une boussole compensée et un baromètre-altimètre enregistreur.

*d*) Un appareil de T. S. F. ou, à son défaut, une caisse de 25 kgs représentant au minimum dans chaque dimension les dimensions suivantes : longueur, 27 centimètres ; largeur, 27 centimètres; hauteur, 65 centimètres.

Cet appareil devra être placé de façon à pouvoir être actionné par le passager.

## ENGAGEMENTS

ART. 3. — Les engagements, accompagnés du droit d'entrée de 500 francs par appareil, remboursable à tous les partants, seront reçus à l'International Sporting Club de Monaco jusqu'au 28 février 1913 à minuit.

Ils devront spécifier :

1° Le nom du pilote et son numéro de licence.

2° La marque de l'appareil.

Les usines d'aéroplanes pourront engager directement un ou plusieurs appareils, à charge par elles de spécifier le nom du ou des pilotes avant le 3 avril à midi.

## EXPOSITION

ART. 4. — L'Exposition des appareils régulièrement engagés sera inaugurée le 3 avril. Aucun appareil ne pourra y figurer ni prendre part aux épreuves du Meeting s'il n'a été reçu à l'Exposition par les commissaires avant le

## QUELQUES CONCURRENTS EN VITESSE

25

Le cruiser allemand *Pik-As-Na-Dur*

*Mais-Je-Vais Picker X.* — Gagnant du Championnat de la Mer.

Le racer italien *Sciata*

2 avril à 6 heures du soir, et s'il n'y a figuré le 3 avril jusqu'à 6 heures du soir.

Les appareils seront exposés sur l'eau, par les soins du Comité d'organisation, et ils devront rester garés sur l'eau, à l'intérieur du port de Monaco pendant toute la durée des épreuves, sauf en cas de réparations à effectuer à terre.

Les Commissaires sportifs seront seuls juges de l'application de cet article.

## ÉPREUVES ÉLIMINATOIRES

ART. 5. — Les épreuves éliminatoires, au nombre de six, commenceront le 4 avril 1913.

Seuls pourront y prendre part les appareils qualifiés par les commissaires et reçus par eux à l'Exposition et ayant figuré comme il est dit ci-dessus. Elles se continueront jusqu'au 11 avril, et auront lieu chaque jour de 9 heures du matin à midi, et de 3 heures à 6 heures du soir. Les commissaires sportifs règleront l'ordre et la succession des épreuves auxquelles tous les concurrents devront avoir satisfait en totalité pour pouvoir prendre part à la course dite Grand Prix de Monaco.

Ces épreuves sont :

1° *Mise en marche.* — L'appareil arrêté sur l'eau, moteur arrêté, le pilote devra, par les seuls moyens du bord, — avec le seul concours de son passager, s'il a déclaré faire toutes les épreuves éliminatoires et courses avec passager — seul dans le cas contraire, — mettre en marche le moteur, sans qu'il soit touché à l'hélice, et parcourir ainsi une distance d'environ 100 mètres entre deux lignes de bouées.

2° *Altitude.* — Partir de la surface de l'eau, monter à 500 mètres et revenir se poser sur l'eau en moins de 30 minutes.

3° *Vol plané.* — Partir de la surface de l'eau

monter à une altitude d'au moins 100 mètres et redescendre se poser sur l'eau moteur arrêté.

4° *Hissage.* — L'appareil devra être présenté par les soins du concurrent, sous un mât de charge, et, par les soins du concurrent, suspendu à ce mât, de façon à pouvoir être soulevé de la surface de l'eau et reposé sur l'eau.

5° *Remorquage.* — L'appareil devra être pris en remorque, par les soins du concurrent, et, avec un seul canot, soit à rames, soit automobile, remorqué sur le même parcours que celui imposé pour la mise en marche.

6° *Navigabilité.* — Faire en naviguant, et sans quitter l'eau, par le seul moyen du moteur, un tour de la piste des canots automobiles (6 kil. 250 environ).

Art. 6. — Toutes les épreuves éliminatoires se passeront, sauf l'épreuve de hissage, en dehors du port de Monaco, c'est-à-dire en eau non abritée. Tous les départs, toutes les arrivées ci-dessus, toutes les épreuves de navigation se feront en dehors du port.

Au cours des épreuves éliminatoires comme des courses, on aura le droit de réparer un appareil, mais non de le remplacer par un autre.

Au cours des éliminatoires, un pilote pourra changer d'appareil, pourvu qu'il continue à monter pour la même maison un appareil qualifié pour ces éliminatoires.

Il pourra terminer la série d'épreuves éliminatoires commencée par un autre pilote. C'est l'appareil seul qui devra les avoir toutes accomplies et qui se trouvera qualifié pour les courses.

On pourra, à volonté, dans des limites de temps et de délai. fixées plus haut, recommencer chaque épreuve.

Aucun changement ne sera admis pendant le Grand Prix. Le même pilote devra courir les deux journées de course sur le même appareil.

## DEVANT LES TERRASSES

Le *Sanchez-Besa* devant la pointe de la Vieille.

Le *Canard* Voisin rentre à Monaco.

## Courses

### GRAND PRIX DE MONACO

ART. 7. — Il ne sera établi aucun classement pour les épreuves éliminatoires. Mais il sera attribué un point pour chaque épreuve réussie.

Seuls les appareils ayant satisfait aux conditions de ces six épreuves, et ayant par conséquent six points, seront autorisés à prendre part au Grand Prix de Monaco.

Cette épreuve se courra en deux journées :

ART. 8. — *1re journée. Course croisière Monaco, Beaulieu, Monte-Carlo, San-Remo, Monaco*, avec escales obligatoires à San-Remo et à Beaulieu. (Distance : 90 kil. environ. Date : 12 avril.)

Le temps des escales ne sera pas chronométré.

Les concurrents devront simplement toucher l'eau, avant une ligne de bouées et naviguer sans quitter l'eau jusqu'à une seconde ligne de bouées, après laquelle ils seront seulement autorisés à reprendre leur vol.

Un plan du parcours avec les instructions écrites sera remis à cet effet par les commissaires à chaque concurrent.

Les départs seront donnés aux concurrents soit par groupes, tirés au sort entre les qualifiés, soit individuellement, selon le nombre et la dimension des appareils.

Un classement d'étape sera établi pour cette journée d'après les temps. Le contrôle restera ouvert pendant cinq heures pour chaque concurrent.

*2e journée.* — Course dans la baie de Monaco, autour d'un polygone de 10 kilomètres de tour environ. Seuls seront autorisés à prendre le départ les concurrents ayant accompli régulièrement et officiellement le parcours de la première journée.

Les concurrents partiront dans leur ordre de classement de l'épreuve-croisière, séparés entre eux par l'intervalle de temps qui les sépare dans le classement du premier jour, de façon à ce que l'ordre et l'intervalle d'arrivée de la seconde journée soient l'ordre et l'intervalle du classement.

Distance de l'étape de la seconde journée : **500 kilomètres environ**, que les concurrents dervont effectuer en volant, sous peine de déclassement, dans les conditions suivantes :

1° Faire en cours de route deux escales sur l'eau à des points fixes : la première, après les 50 premiers kilomètres, la seconde avant le dernier tour, et à volonté. Ces escales comportent l'atterrissage au milieu d'un quadrilatère de bouées d'où l'on devra repartir en naviguant, après avoir décrit un virage autour d'une des bouées.

2° Ne prendre en cours de route, et durant la totalité du vol de 500 kilomètres, aucun ravitaillement de quelque nature que ce soit.

3° N'accoster quoi que ce soit (canot, quai, etc.) entre le départ et l'arrivée de l'épreuve ; on aura le droit de mouiller en mer, en dehors du port, avec les apparaux du bord, à condition de les reprendre avant de repartir.

Le contrôle restera ouvert douze heures après le départ du premier concurrent.

## CLASSEMENT

Si tous les concurrents du Grand Prix accomplissent ainsi les 500 kilomètres, le classement sera fait d'après le meilleur temps total des deux journées de course.

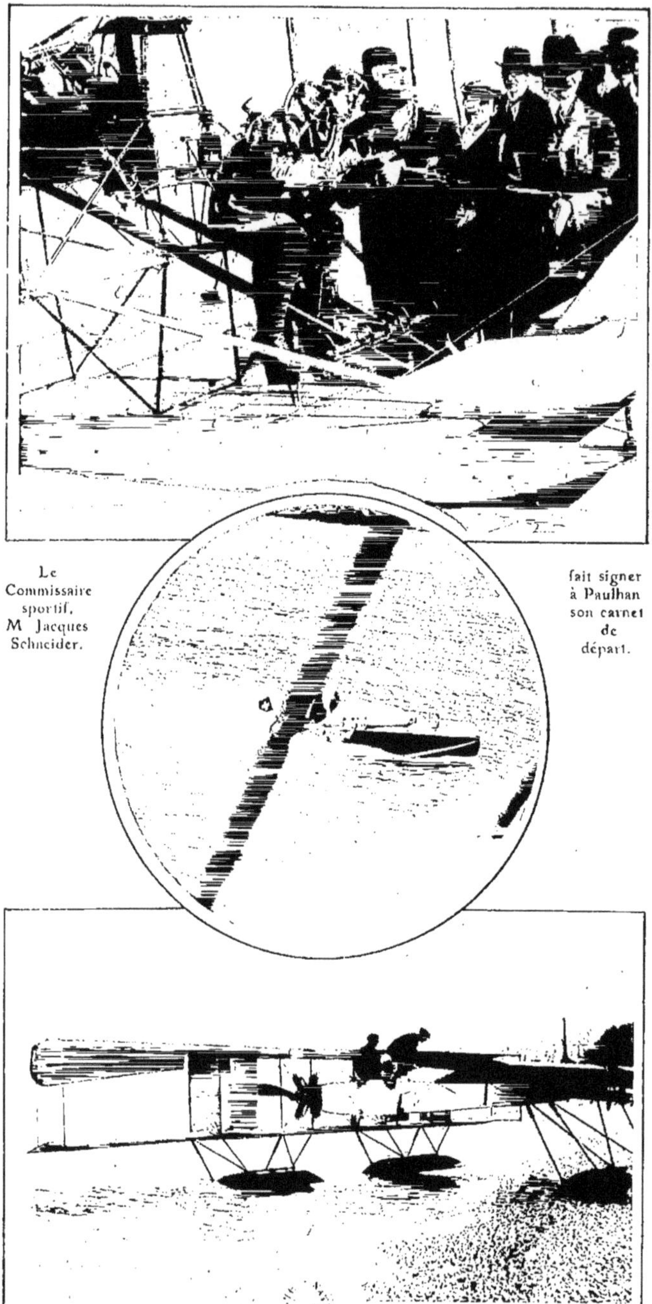

Le Commissaire sportif, M. Jacques Schneider, fait signer à Paulhan son carnet de départ.

Le *Canard* Voisin réussit son épreuve d'échouage.

Si plusieurs concurrents accomplissent en totalité les deux parcours, ils seront classés d'après ce même temps total, et à leur suite, dans l'ordre, les autres concurrents, d'après le nombre de tours de piste effectués par eux le second jour. Il ne sera pas tenu compte des fractions de tour de piste. En cas d'égalité dans ce nombre de tours, le classement sera fait d'après le temps.

Si aucun concurrent n'accomplit la totalité du parcours le second jour, le classement sera établi d'après le nombre des tours effectués, comme il est dit ci-dessus.

Aucun concurrent n'ayant accompli entièrement, régulièrement et dans les délais fixés la première étape, ne pourra prendre le départ de la seconde.

## PRIX

***50.000 francs de prix en espèces*** seront affectés au Meeting et distribué ainsi dans l'ordre du classement ci-dessus :

| | | |
|---|---|---|
| Au 1er. . . . . . . . . | 25.000 | francs. |
| — 2e. . . . . . . . . | 10.000 | — |
| — 3e. . . . . . . . . | 7.000 | — |
| — 4e. . . . . . . . . | 5.000 | — |
| — 5e. . . . . . . . . | 3.000 | — |

## CALENDRIER DE L'ÉPREUVE

Le calendrier de l'épreuve se trouve donc établi ainsi :

***28 février à minuit.*** Clôture des engagements.

***2 avril à 6 heures du soir.*** Clôture de réception des appareils à l'Exposition.

*3 avril à midi.* Clôture de déclaration de pilotes.

*3 avril.* Exposition sur l'eau.

*Du 4 avril au 11 avril.* De 9 heures du matin à midi, et de 3 heures à 6 heures du soir, Epreuves éliminatoires.

*12 avril.* Grand Prix de Monaco. Première journée. Course croisière. Monaco-San Remo, Monte-Carlo, Beaulieu, Monaco.

*14 avril.* Grand Prix de Monaco. Deuxième journée, 500 kilomètres dans la baie de Monaco.

Le Meeting se court sous l'autorité sportive de la C. S. A. dont le Règlement est seul valable pour tous les points non prévus au présent programme.

*Le président du Comité,*
CAMILLE BLANC.

*Le clerk of the course.*
GEORGES PRADE.

III

# COUPE D'AVIATION MARITIME JACQUES SCHNEIDER

**(16 AVRIL)**

***Sous les Règlements de la F. A. I.***

Le plus jeune passager.

Trois jolies passagères à Monaco.

En hydroaéroplane sur Monte-Carlo. Le Casino, l'Hôtel de Paris et le "Sporting".
Un match avec le rapide de Paris. (Vues prises de l'appareil de Renaud.)

# RÈGLEMENT

### ORIGINE ET CONDITIONS DE LA COUPE

ARTICLE PREMIER. — M. Jacques Schneider remet à l'Aéro-Club de France, sous les conditions ci-dessous exposées :

1° Un objet d'art de 25.000 francs, à transmettre à la Fédération Aéronautique Internationale, à charge par elle d'en doter une épreuve challenge d'aviation interclubs, nommée « Coupe d'Aviation maritime Jacques Schneider », qui devra être :

Ouverte aux appareils d'aviation de toute nature.

Disputée par voie de cartel international selon le Règlement approuvé par la F. A. I.

Mise pour la première fois en compétition par les soins de l'Aéro-Club de France, qui devra accepter les premiers défis.

2° L'engagement de verser une somme de 25.000 francs, avant chacune des trois premières mises en compétition de la Coupe, au Club adhérent de la F. A. I., chargé de l'organisation de l'épreuve. Cette somme devra être remise en espèces au pilote concurrent qui aura rendu son Club détenteur de la Coupe ou qui la lui aura conservée.

### NATURE DE L'ÉPREUVE

ART. 2. — 1° L'épreuve sera une épreuve de vitesse dont le parcours, déterminé à l'avance, sera tracé soit en ligne droite, soit en ligne brisée, soit en circuit fermé.

La longueur du parcours ne pourra être inférieure à 150 milles marins (1).

2° Chaque année, avant le 1er janvier, l'Aéro-Club de France, s'inspirant des progrès accomplis dans l'Aviation, établira le règlement de l'épreuve annuelle ; ce règlement ne deviendra définitif qu'après approbation par le Bureau de la F. A. I. ; le Club chargé d'organiser cette épreuve devra se conformer au programme ainsi élaboré.

Si aucun concurrent n'effectue le parcours, la Coupe ne sera pas attribuée et restera au siège social du Club dépositaire ou détenteur, qui devra organiser à nouveau l'épreuve l'année suivante ; mais le Club détenteur qui conservera la Coupe dans ces conditions ne sera pas considéré comme ayant gagné une nouvelle fois l'épreuve challenge.

Si cette éventualité se produisait lors des premières mises en compétition de la Coupe, l'Aéro-Club de France conserverait l'objet d'art en dépôt et devrait à nouveau organiser l'épreuve l'année suivante.

### NATURE DES ENGINS

ART. 3. — L'épreuve sera ouverte aux appareils d'aviation de toute nature (Classe C).

### QUALIFICATION DES CONCURRENTS

ART. 4. — Tout Club adhérent à la F. A. I. a qualité pour relever le cartel du Club détenteur et disputer la Coupe.

Tout Club engagé s'oblige, au cas où il deviendrait détenteur de la Coupe, à assurer l'organisation de la prochaine épreuve.

ART. 5. — Tout Club qualifié voulant disputer la Coupe au Club détenteur devra lui notifier cette résolution avant le 1er mars, par une

(1) Le mille marin est de 1852 mètres.

lettre recommandée adressée à son Président, en indiquant le nombre de concurrents qui disputeront la Coupe. Cette lettre constituera un engagement qui devra être accompagné d'autant de fois 500 francs qu'elle indiquera de concurrents.

Il sera remboursé, après l'épreuve, autant de fois la moitié de cette somme qu'il y aura eu de partants du Club engagé.

ART. 6. — Chaque Club pourra engager, chaque année, trois concurrents au maximum, et désigner autant de suppléants qu'il y aura de concurrents titulaires.

ART. 7. — Les concurrents titulaires et leurs suppléants devront obligatoirement appartenir à la nationalité du Club adhérent à la F. A. I., qui les engage, ou à un pays non représenté dans la F. A. I. Ils devront être nominativement désignés par leur Club au moins huit jours avant la date de l'épreuve.

### DATE ET LIEU DE L'ÉPREUVE

ART. 8. — La Coupe pourra être disputée, tous les ans, entre le 1er avril et le 15 novembre. La date devra être fixée par le Club détenteur de la Coupe avant le 1er mars.

Si, dans les délais impartis, aucun concurrent n'a pris le départ, les Commissaires sportifs décideront s'il y a lieu d'annuler l'épreuve ou de donner de nouveaux départs.

ART. 9. — L'épreuve devra être courue dans le Pays détenteur de la Coupe. Cependant, si pour une raison majeure, reconnue par le Bureau de la F. A. I., le Club détenteur de la Coupe venait à se trouver dans l'impossibilité de remplir son engagement relatif à l'organisaton de l'épreuve, le Bureau de la F. A. I. demanderait au Club précédemment dépositaire ou détenteur de la Coupe d'assurer cette organisation.

En cas de refus de ce Club, la Coupe serait disputée en France.

## ORGANISATION DE L'ÉPREUVE

ART. 10. — Le Club détenteur organisera l'épreuve et sera chargé d'appliquer le règlement; mais quel que soit le pays dans lequel se courra la Coupe, un des Commissaires sportifs devra être désigné par l'Aéro-Club de France.

ART. 11. — Les frais de l'organisation de l'épreuve seront supportés par le Club organisateur.

ART. 12. — Dans le cas où la Coupe serait disputée au cours d'une manifestation d'aviation, une journée spéciale devra lui être réservée.

## ATTRIBUTION DE LA COUPE

ART. 13. — Le Pouvoir sportif du pays organisateur homologuera la Coupe.

ART. 14. — Le Club reconnu par la F. A. I. dont un représentant a gagné la Coupe en est le nouveau détenteur.

ART. 15. — Le Club qui, en cinq ans, sera sorti trois fois victorieux du défi deviendra le possesseur définitif de la Coupe.

La Coupe deviendra la propriété définitive du Club détenteur s'il n'a pas été défié pendant cinq années consécutives.

ART. 16. — Le Club détenteur qui se sera abstenu de concourir et qui n'aura pas cependant été dépossédé de la Coupe bien que défié, ne sera pas considéré comme ayant gagné une nouvelle fois l'épreuve challenge.

ART. 17. — En cas de réclamation ou d'appel devant la Conférence internationale, conformément aux règlements de la F. A. I., la Coupe restera entre les mains du Club défié jusqu'à la liquidation du litige.

LES HYDROAÉROPLANES DANS LE PORT DE MONACO.

Art. 18. — Dans le cas où le Club détenteur viendrait à disparaître la Coupe serait remise à l'Aéro-Club de France, où à son défaut à la F. A. I., à défaut de la F. A. I., à M. Jacques Schneider.

## PRIX ACCESSOIRES

Art. 19. — En dehors des trois primes de 25.000 francs remises par M. Jacques Schneider (voir art. 1er) et des autres prix qui pourront être offerts, le montant des droits d'inscription non remboursés sera réparti entre les concurrents de la façon suivante : la moitié au deuxième, un tiers au troisième et le reste au quatrième, tant que les trois prix de 25.000 fr. prévus à l'article 1er n'auront pas été attribués. Lorsque ces trois prix auront été attribués, le concurrent classé premier recevra la moitié, le deuxième le tiers, et le troisième le reste du montant des droits d'inscription. Il en sera de même dans tous les cas si le concours ne comportait que trois concurrents ayant effectué le parcours.

Si le concours ne comportait que deux concurrents ayant effectué le parcours, le premier recevrait les deux tiers et le second le tiers des droits d'inscription.

Enfin, dans le cas où un seul concurrent prendrait part à l'épreuve, il recevrait le total des droits d'inscription.

Au cas où la Coupe ne serait attribuée à aucun des concurrents, les droits d'inscription seraient conservés par le Club détenteur, et viendraient s'ajouter, l'année suivante, aux droits d'inscription perçus pour la nouvelle épreuve.

## MISE EN VIGUEUR DU RÈGLEMENT

Art. 20. — Tout Club devenant détenteur de la Coupe s'engage formellement à observer le présent règlement.

## CONDITIONS GÉNÉRALES POUR 1913

En 1913, la Coupe d'Aviation maritime Jacques Schneider se disputera sur la distance de 150 milles marins, le 16 avril, à Monaco.

Cette épreuve aura lieu exclusivement en mer sur un circuit fermé présentant un développement minimum de 5 milles marins, et tracé en dehors de tout port ou rade fermée. Les escales sont permises.

Les départs seront pris à volonté par chaque concurrent, à partir de huit heures du matin. L'épreuve sera clôturée à l'heure légale du coucher du soleil. Pendant cette période, les concurrents auront le droit de partir à volonté, mais ils ne pourront prendre qu'un seul départ et, avant de partir, ils devront déclarer aux Commissaires leur intention de disputer la Coupe d'Aviation maritime Jacques Schneider. Au moment où le concurrent se présentera pour prendre le départ, il remettra, signée et approuvée par lui, une des deux collections des Règlements particuliers et des décisions éventuelles prises par les Commissaires sportifs et à lui remises par ces derniers. Après avoir satisfait à ces prescriptions, le concurrent passera la ligne de départ en naviguant. Il continuera ensuite à naviguer sur deux milles et demi du parcours au moins, et viendra, en bouclant pour la première fois le circuit, franchir en plein vol la ligne de départ. Il continuera ensuite son parcours qu'il terminera en passant la ligne d'arrivée en plein vol, et amerrira sur le circuit.

ø ø ø

*L'Amérique a défié la France pour 1913.*

*C'est donc entre la France et l'Amérique que se disputera la Coupe.*

# I. — HYDROPLANES

| Numéro de course | Nom du Canot | Propriétaire | Constructeur du moteur | Constructeur de la coque |
|---|---|---|---|---|
| 1 | VONNA | M. Émile Dubonnet | Clément-Bayard | A. Tellier |
| 2 | X... | M. Biggio Svan | | |
| 3 | SANTOS-DESPUJOLS | M. Santos | V. Despujols | Despujols |
| 4 | X... | M. Ricardo de Soriano | V. Despujols | Despujols |
| 5 | LE QUATRE | M. Barriquand | Fiat | Despujols |
| 6 | SUNBEAM | M. Ph. Leo | Sunbeam | A. Tellier |
| 7 | FLYER | M. Paul Tissandier | Gnome | Système de Lambert |

# II. — RACERS

| Numéro de course | Nom du Canot | Propriétaire | Constructeur du moteur | Constructeur de la coque |
|---|---|---|---|---|
| 11 | LOUISE-EXCELSIOR | M. Celle | Excelsior | Celle |
| 12 | ANNETTE III | M. Vladimir Schmitz | Saurer | Lurssen |
| 13 | SIGMA IV | M. Ricardo de Soriano | V. Despujols | Despujols |
| 14 | SVAN-STOP | M. Biggio Svan | | |
| 15 | NAUTILUS SAURER X | M. Vallery | Saurer | Deschamps |
| 16 | SOCRAM I | M. Pinto de Araujo | V. Despujols | Despujols |
| 17 | FLAMBEAU | M. Girard Bouvet | V. Despujols | Despujols |
| 18 | LA QUISE | M. Pierre Letellier | Mercédès | Pitre |
| 19 | BLANC-BLEU | M. Sacco | Vantour | Ruoppollo |
| 20 | SEMINOLE | M. Macomber | Panhard | Despujols |
| 21 | J'EN VEUX | M. Ghesse | Picker | A. Tellier |
| 22 | SCIATA | M. Carlo Alberto Conelli di Prosperi | Isotta-Fraschini | Taroni |
| 23 | NA-HOCK | M. Roger Bérard | Janvier Picker | A. Tellier |
| 24 | SKISE | M. Franz Conelli di Prosperi | Isotta-Fraschini | Taroni |
| 25 | LANTURLU | MM. White et Grenié | Labor | Chantiers de la Garonne |
| 26 | EXCELSIOR-LOUISE | M. Celle | Excelsior | Celle |

# III. — CRUISERS

### SÉRIE DES 21 PIEDS

| Numéro de course | Nom du Canot | Propriétaire | Constructeur du moteur | Constructeur de la coque |
|---|---|---|---|---|
| 31 | IRÈNE | M. Herbert Austin | Austin | Hart Harden |
| 32 | K. M. III | Sir James Domville | Brooke | Brooke et Cie |
| 33 | CORDON-ROUGE IV | M. Hollingsworth | Brooke | Brooke |
| 34 | COCKLE-SHELL | M. Desnos | Sunbeam | Saunders |
| 35 | VICUNA III | M. Oscar Martin | Sunbeam | Saunders |
| 36 | IRIS | Sir Trevor Dawson | Wolseley | Saunders |
| 37 | VIXEN | M. Schmahl | Sunbeam | Hart Harden |
| 38 | GRÉGOIRE XXI bis | M. Despujols | Grégoire | Despujols |
| 39 | ANGELA II | Docteur Morton Smart | Wolseley | Saunders |
| 40 | LUCINHA II | M. Comber | Wolseley | Hart Harden |
| 41 | FUGI-YAMA III | M. Ernest Martin | Sunbeam | Saunders |
| 42 | GRÉGOIRE XXI | M. Hinstin | Grégoire | Despujols |
| 43 | AQUILA-BAGLIETTO | MM. Riva et Baglietto | Aquila | Baglietto |

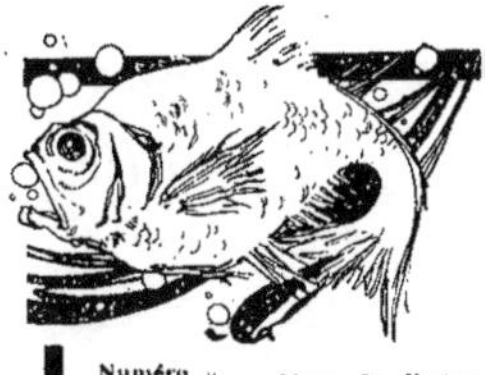

# III. - CRUISERS

## SÉRIE DES 21 PIEDS (Suite.)

| Numéro de course | Nom du Bateau | Propriétaire | Constructeur du moteur | Constructeur de la coque |
|---|---|---|---|---|
| 44 | DYACK | M. C. Lance Gamble | Vauxhall | Saunders |
| 45 | PRINCESS-CAPRICE | M. Charles Jarrott | Sunbeam | Saunders |
| 46 | CORDON-ROUGE | M. Hollingsworth | Brooke | Brooke |
| 47 | APACHE II | M. Hector Legru | Janvier-Picker | De Coninck |
| 48 | SAINT-PATRICK | M. Harvey du Cros | Austin | Saunders |

# IV. - CRUISERS

## PREMIÈRE SÉRIE

| Numéro de course | Nom du Bateau | Propriétaire | Constructeur du moteur | Constructeur de la coque |
|---|---|---|---|---|
| 51 | HISPANO-SUIZA | M. Emile Combe | Hispano-Suiza | Despujols |
| 52 | MOTOGODILLE I | MM. Trouche et Cie | Motogodille | X... |
| 53 | X... | M. Despujols | X... | Despujols |

## DEUXIÈME SÉRIE

| Numéro de course | Nom du Bateau | Propriétaire | Constructeur du moteur | Constructeur de la coque |
|---|---|---|---|---|
| 61 | LANTURLU-LABOR | MM. White et Grenié | Labor | Chantiers de la Garonne |
| 62 | APACHE II | M. Hector Legru | Janvier-Picker | De Coninck |
| 63 | MOTOGODILLE II | MM. Trouche et Cie | Motogodille | X... |
| 64 | GRÉGOIRE XII | M. Montamat | Grégoire | Despujols |
| 65 | GRÉGOIRE XXI bis | M. Despujols | Grégoire | Despujols |
| 66 | GRÉGOIRE XXI | M. Hinstin | Grégoire | Despujols |
| 67 | OCCA | M. Baglietto | Scat | Baglietto |
| 68 | NA-ROCH | M. Roger Bérard | Janvier-Picker | A. Tellier |

## TROISIÈME SÉRIE

| Numéro de course | Nom du Bateau | Propriétaire | Constructeur du moteur | Constructeur de la coque |
|---|---|---|---|---|
| 71 | SOCRAM I | M. Pinto de Araujo | V. Despujols | Despujols |
| 72 | SCAT-BAGLIETTO | MM. Riva et Baglietto | Scat | Riva |
| 73 | VILLETHIOU II | M. Mahoudeau de Villethiou | Labor | X... |
| 74 | SVAN-STOP | M. Svan | X... | X... |
| 75 | EXCELSIOR XVII | M. Celle | Excelsior | Celle |
| 76 | NAUTILUS XVI | M. de Gomila | Mors | Deschamps |
| 77 | TYRELESS IV | M. Gordon Pratt | Labor | Saunders |
| 78 | **Vedette Panhard-Levassor** | Société Panhard-Levassor | Panhard-Levassor | Despujols |

## QUATRIÈME SÉRIE

| Numéro de course | Nom du Bateau | Propriétaire | Constructeur du moteur | Constructeur de la coque |
|---|---|---|---|---|
| 80 | NELLA | M. Goldenberg | Abeille | Deschamps |
| 81 | SIGMA IV | M. Ricardo de Soriano | V. Despujols | Despujols |
| 82 | ANNETTE III | M. Wladimir Schmitz | Saurer | Lursen |
| 83 | EXCELSIOR-LOUISE | M. Celle | Excelsior | Celle |
| 84 | ONWARD II | M. Whitechurch | Thornycroft | Thornycroft |
| 85 | ESTELLE | Grand-Clément | Abeille | Chantiers de la Garonne |
| 86 | J'EN VEUX | M. Gihesse | Picker | A. Tellier |
| 87 | ERSI | M. Kaiserian | Panhard | Chantiers d'Antibes |
| 88 | MINNEHAHA II | M. de Rivery | Picker | Blondeau |
| 89 | GRACIOSA | M. Béranger | Turcat-Méry | Chantiers d'Antibes |
| 90 | NAUTILUS-SAURER X | M. Vallery | Saurer | Deschamps |

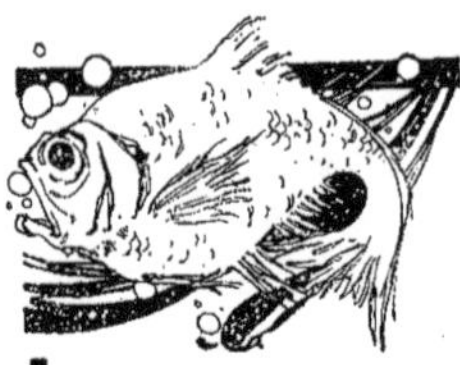

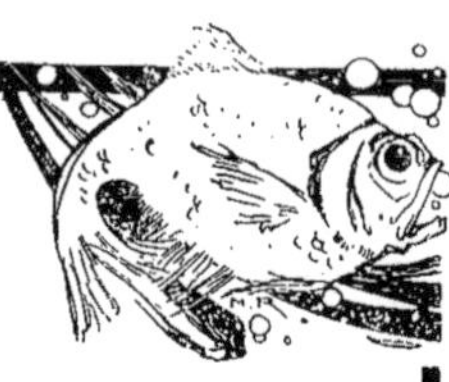

# CRUISERS

*(Suite.)*

## CINQUIÈME SÉRIE

| Numéro de course | Nom du Bateau | Propriétaire | Constructeur du moteur | Constructeur de la coque |
|---|---|---|---|---|
| 91 | LA QUISE | M. PIERRE LETELLIER | Mercédès | Pitre |
| 92 | FLAMBEAU | M. GIRARD-BOUVET | Despujols | Despujols |
| 93 | NUNIA | BARON DE BLONAY | Panhard-Levassor | Celle |
| 94 | COCORICO II | M. PAUL POURTALÈ | Brasier | Despujols |
| 95 | NAUTILUS XV | M. DE LARCO | Charron | Deschamps |
| 96 | TANIT | M. BORDES | Panhard | Chantiers d'Antibes |
| 97 | L'ANIMAL | M. PELET | Panhard-Levassor | Tellier |
| 98 | SEMINOLE | M. MACOMBER | Panhard-Levassor | Despujols |
| 99 | LOUISE-EXCELSIOR | M. CELLE | Excelsior | Celle |

# V. — HYDROAÉROPLANES

| Numéros | Marques | Pilotes | Moteurs |
|---|---|---|---|
| 1 | MAURICE FARMAN I | RENAUX | Renault |
| 2 | HENRI FARMAN I | J. FISCHER | Gnome |
| 3 | HENRI FARMAN II | CHEVILLARD | Gnome |
| 4 | MAURICE FARMAN II | GAUBERT | Renault |
| 5 | NIEUPORT I | X... | Gnome |
| 6 | NIEUPORT II | X... | Gnome |
| 7 | DARTOIS I | X... | Gnome |
| 8 | DARTOIS II | X... | Gnome |
| 9 | BOREL I | DANCOURT | Gnome |
| 10 | BOREL II | CHEMET | Gnome |
| 11 | BOREL III | X... | Gnome |
| 12 | BLÉRIOT | ÉTIENNE GIRAUD | Gnome |
| 13 | MORANE-SAULNIER | GILBERT | Le Rhône |
| 14 | BRÉGUET I | BRÉGI | Salmson-Canton-Unné |
| 15 | BRÉGUET II | MOINEAU | Salmson-Canton-Unné |
| 16 | BRÉGUET III | MONTALENT | Salmson Canton-Unné |
| 17 | BOSSI | PAULHAN | Gnome |
| 18 | DE MARÇAY | X... | Anzani |
| 19 | DEPERDUSSIN I | X... | Gnome |
| 20 | DEPERDUSSIN II | PRÉVOST | Gnome |
| 21 | DEPERDUSSIN III | JANOIRE | Gnome |
| 22 | DEPERDUSSIN IV | X... | Gnome |
| 23 | DEPERDUSSIN V | DEVIENNE ET SCOFFIER | Gnome |
| 24 | ASTRA I | LABOURET | Salmson-Canton-Unné |
| 25 | ASTRA II | COMMANDANT FÉLIX | Renault |
| 26 | FOKKER | FOKKER | Gnome |

La liste des Pilotes sera arrêtée définitivement le 3 Avril, à midi.

# BARÈME DES VITESSES

## I. VITESSES A L'HEURE

par tour de parcours (6 km 250).

| | | | | |
|---|---|---|---|---|
| A 5 km à l'heure, 6 km 250 sont faits en | | | | 1 h. 15' |
| 10 | — | — | — | 37'30" |
| 11 | — | — | — | 33 20 |
| 12 | — | — | — | 31 15 4/5 |
| 13 | — | — | — | 28 50 2/5 |
| 14 | — | — | — | 26 47 3/5 |
| 15 | — | — | — | 25 |
| 16 | — | — | — | 23 26 |
| 17 | — | — | — | 22 3 2/5 |
| 18 | — | — | — | 20 50 |
| 19 | — | — | — | 19 40 4/5 |
| 20 | — | — | — | 18 45 |
| 21 | — | — | — | 17 51 2/5 |
| 22 | — | — | — | 17 2 3/5 |
| 23 | — | — | — | 16 18 |
| 24 | — | — | — | 15 37 2/5 |
| 25 | — | — | — | 15 |
| 26 | — | — | — | 14 25 1/5 |
| 27 | — | — | — | 13 53 1/5 |

*(A suivre)*

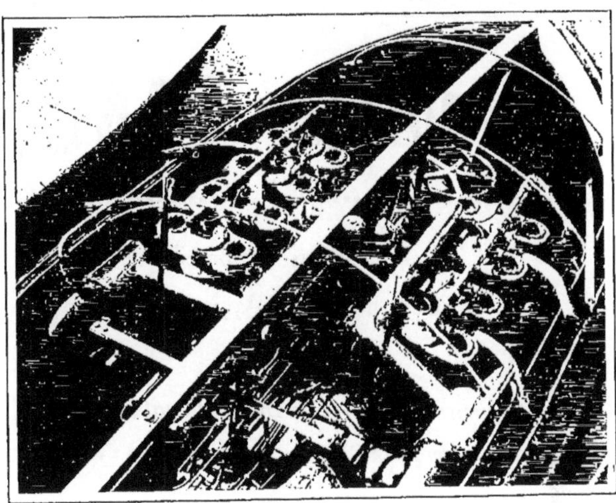

*Le moteur Panhard-Levassor du « Motocratic », gagnant de la Coupe du S. A. S. le prince de Monaco.*

## BARÈME DES VITESSES

*(Suite)*

| | | | |
|---|---|---|---|
| A 28 km à l'heure, 6 km 250 sont faits en | 13 | 23 | 4/5 |
| 29 — — | 12 | 55 | 4/5 |
| 30 — — | 12 | 30 | |
| 31 — — | 12 | 5 | 3/5 |
| 32 — | 11 | 43 | |
| 33 — — | 11 | 21 | 4/5 |
| 34 — — — | 11 | 1 | 3/5 |
| 35 — | 10 | 42 | 4/5 |
| 36 — — — | 10 | 25 | |
| 37 — — | 10 | 8 | |
| 38 — — | 9 | 52 | 3/5 |
| 39 — — — | 9 | 37 | |
| 40 — — — | 9 | 22 | 2/5 |
| 41 — — | 9 | 8 | 3/5 |
| 42 — — | 8 | 55 | 3/5 |
| 43 — — — | 8 | 43 | 1/5 |
| 44 — — — | 8 | 31 | 1/5 |
| 45 — — — | 8 | 20 | |
| 46 — | 8 | 9 | |
| 47 — — — | 7 | 58 | 3/5 |
| 48 — — — | 7 | 48 | 3/5 |
| 49 — — | 7 | 39 | |
| 50 — — — | 7 | 30 | |
| 51 — — | 7 | 21 | |
| 52 — — — | 7 | 12 | 3/5 |
| 53 — — — | 7 | 4 | 2/5 |
| 54 — — | 6 | 56 | 3/5 |

*(A suivre)*

*L'Aviation dans la marine française. Le hissage de l'appareil à bord du Croiseur « La Foudre »*

# BARÈME DES VITESSES

*(Suite)*

| | | | | |
|---|---|---|---|---|
| A 55 km à l'heure, 6 km 250 sont faits en | | | | 6'49" |
| 56 | — | — | — | 6 41 3/5 |
| 57 | — | — | — | 6 34 3/5 |
| 58 | — | — | — | 6 27 4/5 |
| 59 | — | — | — | 6 21 1/5 |
| 60 | — | — | — | 6 15 |
| 61 | — | — | — | 6 8 4/5 |
| 62 | — | — | — | 6 2 4/5 |
| 63 | — | — | — | 5 57 |
| 64 | — | — | — | 5 55 2/5 |
| 65 | — | — | — | 5 46 |
| 66 | — | — | — | 5 40 4/5 |
| 67 | — | — | — | 5 35 4/5 |
| 68 | — | — | — | 5 30 4/5 |
| 69 | — | — | — | 5 26 |
| 70 | — | — | — | 5 21 2/5 |
| 71 | — | — | — | 5 16 4/5 |
| 72 | — | — | — | 5 12 2/5 |
| 73 | — | — | — | 5 8 1/5 |
| 74 | — | — | — | 5 4 |
| 75 | — | — | — | 5 |
| 76 | — | — | — | 4 56 |
| 77 | — | — | — | 4 52 1/5 |
| 78 | — | — | — | 4 48 2/5 |
| 79 | — | — | — | 4 44 4/5 |
| 80 | — | — | — | 4 41 1/5 |
| 81 | — | — | — | 4 37 3/5 |
| 82 | — | — | — | 4 34 1/5 |
| 83 | — | — | — | 4 31 |
| 84 | — | — | — | 4 27 4/5 |
| 85 | — | — | — | 4 24 3/5 |

*(A suivre)*

*L'Aviation dans la marine française. La rentrée à bord du « Bréguet ».*

# BARÈME DES VITESSES

*(Suite)*

## II. VITESSES A L'HEURE

d'après le temps du kilomètre.

| | | | | | |
|---|---|---|---|---|---|
| Le kilomètre en | 0' 40" | donne | 90 km | | à l'heure |
| — | 0 41 | — | 87 | 804 | — |
| — | 0 42 | — | 85 | 714 | — |
| | 0 43 | — | 83 | 720 | — |
| | 0 44 | — | 81 | 818 | — |
| | 0 45 | | 80 | | — |
| — | 0 46 | — | 78 | 260 | — |
| — | 0 47 | — | 76 | 595 | — |
| — | 0 48 | — | 75 | | — |
| — | 0 49 | — | 73 | 469 | — |
| — | 0 50 | — | 72 | | — |
| — | 0 51 | — | 70 | 588 | — |
| — | 0 52 | — | 69 | 230 | — |
| | 0 53 | — | 67 | 924 | — |
| — | 0 54 | — | 66 | 666 | — |
| — | 0 55 | — | 65 | 454 | — |
| — | 0 56 | — | 64 | 285 | — |
| — | 0 57 | — | 63 | 157 | — |
| — | 0 58 | — | 62 | 068 | — |
| — | 0 59 | — | 61 | 016 | — |
| — | 0 60 | — | 60 | | |
| — | 1 1 | — | 59 | 016 | — |
| — | 1 2 | — | 58 | 064 | — |
| | 1 3 | — | 57 | 142 | — |
| — | 1 4 | — | 56 | 250 | — |
| — | 1 5 | — | 55 | 384 | |

*(A suivre)*

*L'Aviation dans la marine française. Hangar sur le pont du Croiseur « La Foudre ».*

# BARÈME DES VITESSES

*(Suite)*

| Le kilomètre en | | donne | | | à l'heure |
|---|---|---|---|---|---|
| Le kilomètre en | 1' 6" | donne | 54 km | 545 | à l'heure |
| — | 1 7 | — | 53 | 731 | — |
| — | 1 8 | — | 52 | 941 | — |
| — | 1 9 | — | 52 | 173 | — |
| — | 1 0 | — | 51 | 428 | — |
| — | 1 11 | — | 50 | 704 | — |
| — | 1 12 | — | 50 | | — |
| — | 1 13 | — | 49 | 315 | — |
| — | 1 14 | — | 48 | 648 | — |
| — | 1 15 | — | 48 | | — |
| — | 1 16 | — | 47 | 368 | — |
| — | 1 17 | — | 46 | 753 | — |
| — | 1 18 | — | 46 | 153 | — |
| — | 1 19 | — | 45 | 569 | — |
| — | 1 20 | — | 45 | | — |

## III. VITESSES A L'HEURE

d'après le temps du mille marin (1851m85)

| Le mille marin | donne | | | à l'heure |
|---|---|---|---|---|
| en 1' 23" | donne | 80 km | 321 | à l'heure. |
| 1 24 | — | 79 | 355 | — |
| 1 25 | — | 78 | 431 | — |
| 1 26 | — | 77 | 519 | — |
| 1 27 | — | 76 | 628 | — |
| 1 28 | — | 75 | 757 | — |
| 1 29 | — | 74 | 906 | — |
| 1 30 | — | 74 | 007 | — |
| 1 31 | — | 73 | 260 | |

*(A suivre)*

# BARÈME DES VITESSES

*(Suite)*

| Le mille marin | | | |
|---|---|---|---|
| en 1' 32" | donne | 72km463 | à l'heure |
| 1 33 | | 71 039 | — |
| 1 34 | — | 70 921 | — |
| 1 35 | | 70 175 | — |
| 1 36 | — | 69 444 | |
| 1 37 | — | 68 728 | |
| 1 38 | — | 68 027 | — |
| 1 39 | — | 67 340 | |
| 1 40 | — | 66 666 | — |
| 1 41 | — | 66 001 | — |
| 1 42 | — | 65 359 | |
| 1 43 | — | 64 724 | — |
| 1 44 | — | 64 025 | |
| 1 45 | — | 63 492 | — |
| 1 46 | — | 62 893 | |
| 1 47 | | 62 305 | — |
| 1 48 | | 61 728 | — |
| 1 49 | — | 61 165 | |
| 1 50 | — | 60 605 | — |
| 1 51 | — | 60 060 | — |
| 1 52 | — | 56 523 | — |
| 1 53 | | 58 906 | — |
| 1 54 | — | 58 479 | — |
| 1 55 | — | 57 970 | |
| 1 56 | | 57 471 | — |
| 1 57 | — | 56 980 | — |
| 1 58 | — | 56 497 | — |
| 1 59 | — | 56 022 | — |
| 2 | — | 55 555 | — |
| 2 1 | — | 55 096 | — |
| 2 2 | — | 54 644 | |
| 2 3 | — | 54 200 | |
| 2 4 | — | 53 763 | |
| 2 5 | — | 53 333 | — |
| 2 6 | — | 52 910 | — |
| 2 7 | — | 52 493 | — |
| 2 8 | | 52 083 | — |
| 2 9 | | 51 679 | — |
| 2 10 | — | 51 282 | — |
| 2 11 | | 50 890 | — |
| 2 12 | — | 50 505 | — |
| 2 13 | | 50 125 | — |
| 2 14 | — | 49 751 | — |
| 2 15 | — | 49 382 | — |
| 2 16 | | 49 019 | — |
| 2 17 | | 48 661 | — |
| 2 18 | — | 48 309 | — |
| 2 19 | | 47 961 | — |
| 2 20 | — | 47 619 | — |
| 2 21 | — | 47 281 | — |
| 2 22 | — | 46 948 | — |
| 2 23 | — | 46 620 | — |
| 2 24 | — | 46 296 | |
| 2 25 | — | 45 976 | — |
| 2 26 | | 45 662 | — |
| 2 27 | — | 45 351 | |
| 2 28 | — | 45 045 | — |

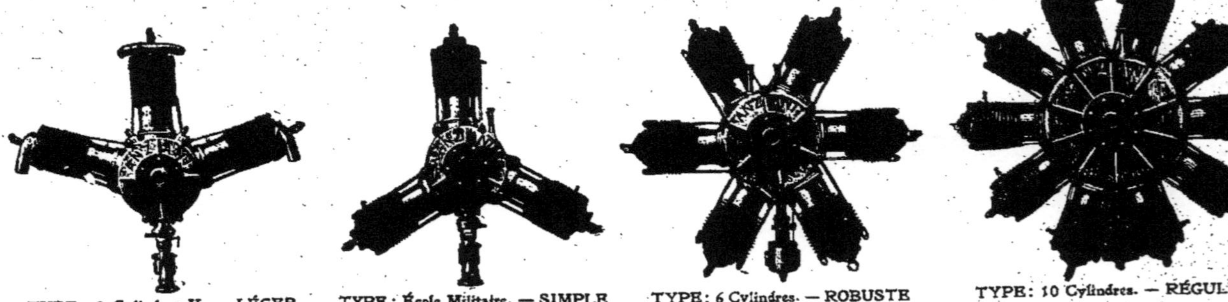

TYPE : 3 Cylindres Y. — LÉGER

TYPE : École Militaire. — SIMPLE

TYPE : 6 Cylindres. — ROBUSTE

TYPE : 10 Cylindres. — RÉGULIER

Première traversée de la Manche :: :: :: : par BLÉRIOT : :: :: :: Moteur **ANZANI** 6 cyl. 50-60 HP

Record du Brevet Supérieur Militaire :: :: : par DESPARMETS : :: :: Moteur **ANZANI** 6 cyl. 50-60 HP

Record du Monde des 250, des 300 km :: et des 3 heures, par COBIONI :: Moteur **ANZANI** 6 cyl. 50-60 HP

Record du Monde de Distance pour appareils de moins de 40 HP, par COBIONI, moteur **ANZANI** 3 cylindres en Y

ALLARD, dans le Prix des Escales en 1911, couvre 1800 km sans toucher à son Moteur **ANZANI** 6 cyl. 50-60 HP

***POIDS* : 1 kil. 500 par HP**

***PRIX* : 100 francs par HP**

**Puissance de 25 HP**

# Moteurs d'Aviation ANZANI

**MODÈLES 1913**

Adresse Télégraphique : **Anzani-Moteurs-Courbevoie**

**Téléphone : 583-50**

**Prix : 100 fr. par HP**

*Usines et Bureaux :* **112, Boul. de Courbevoie, COURBEVOIE**

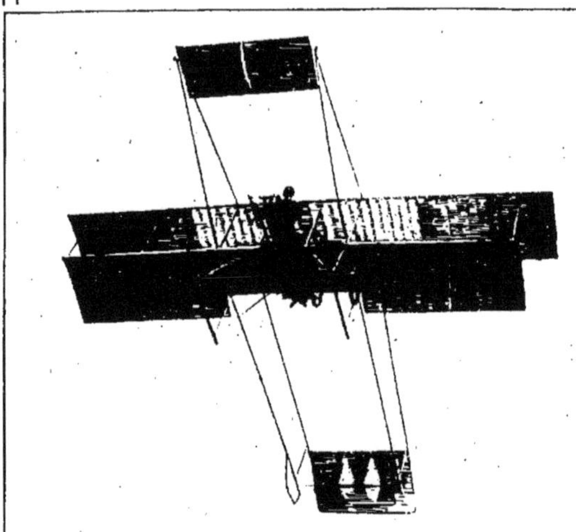

IMPRIMERIE
DE VAUGIRARD
PARIS

H.-L. MOTTI
DIRECTEUR

www.ingramcontent.com/pod-product-compliance
Ingram Content Group UK Ltd.
Pitfield, Milton Keynes, MK11 3LW, UK
UKHW022029170726
13837UKWH00001B/493

9 782019 961640